创刊号

Nanjing University Institute of
Area Studies（NJUIAS）

南大
区域国别研究

2024年第1期

主编◎王逸舟

中国社会科学出版社

图书在版编目（CIP）数据

南大区域国别研究．第1辑／王逸舟主编．—北京：中国社会科学出版社，2024. 3

ISBN 978－7－5227－3460－6

Ⅰ．①南…　Ⅱ．①王…　Ⅲ．①国际关系—研究　Ⅳ．①D81

中国国家版本馆CIP数据核字（2024）第081824号

出 版 人　赵剑英
责任编辑　郭曼曼
责任校对　韩天炜
责任印制　王　超

出　　版　中国社会科学出版社
社　　址　北京鼓楼西大街甲158号
邮　　编　100720
网　　址　http：//www. csspw. cn
发 行 部　010－84083685
门 市 部　010－84029450
经　　销　新华书店及其他书店

印　　刷　北京明恒达印务有限公司
装　　订　廊坊市广阳区广增装订厂
版　　次　2024年3月第1版
印　　次　2024年3月第1次印刷

开　　本　880×1230　1/32
印　　张　6.5
字　　数　152千字
定　　价　45.00元

目录

卷首语

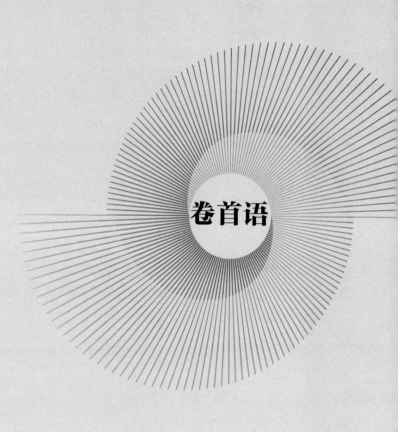

区域国别研究是一门学科吗？

王逸舟*

区域国别研究有着悠久的历史，但仍不是严格意义上的学科。

说它历史悠久是毋庸置疑的，学界熟知的“希腊罗马文明传说”“古印度研究”“两河流域文明研究”“玛雅文化学”“东方学”“汉学”等都属于区域国别研究，当下的“文明冲突论”“全球南方论”也可大体归入这个范围。

然而，有了各种基石材料，不等于已建成区域国别“学”。“学”或者说“学科”，是一种揭示客观规律的知识体系，尤指反映普遍性的观念或理论；它既有对事物对象的解说，更有关于解释本身和成长路径的说明，属于“知识的知识”或“理论的理论”。无论是自然科学、社会科学或各种交叉科学，凡涉及“学科”必须有这类界定。此外，学科发展通常具有一般科学的观点争鸣和学派流派，有反映阶段性迭代和理论突破的关键指标。依此衡量，已有的区域国别研究，更多像依托历史学、人类学、语言学、文化学、政治学、外交学、国际关系学等学科所做的专题，而不是有独立的概念与工具，有自身的本体论及二级学科的一门学科。本质上它是对既有学科的交叉融合。这个过程尚未培育出一门有清晰识别度的学科。从各国情况观察，

* 王逸舟，南京大学区域国别研究院院长，北京大学教授。

类似研究能否成为一门专门学科，也不存在共识。对此我们要心中有数，避免一叶障目、重蹈20世纪50年代“大跃进”的覆辙。

《南大区域国别研究》的宗旨是，持续探究区域国别研究的学理，推动这一领域的思想争鸣。在服务国家大方针和向前辈刊物学习的同时，我们把重点放在基础理论上面，一方面探索适合中国国情的学说；另一方面比较借鉴其他国家同人的努力。希冀此议得到读者的认可，尤其是年轻作者的大力支持，大家一道做扎实的学术工作。

名家访谈

“共处、共生、共享”的国际区域学
——张蕴岭教授访谈

专家简介

张蕴岭，男，1945 年 5 月生，中国社会科学院学部委员，山东大学讲席教授、国际问题研究院院长、东北亚学院战略咨询委员会主任。曾任中国社会科学院欧洲研究所副所长、日本研究所所长、亚太研究所所长，国际研究学部主任；第十、第十一、第十二届全国政协委员、外事委员会委员；曾担任中国亚太学会会长、东亚展望小组成员、中国—东盟合作官方专家组成员、亚欧合作专家组亚洲代表成员、东亚自由贸易区研究专家组组长、东亚经济伙伴关系研究专家组成员、中韩联合专家委员会中方执行主席、中韩友协副会长、德意志银行亚太地区顾问等。主要代表专著有：《世界经济中的相互依赖关系》《未来 10—15 年中国在亚太地区面临的国际环境》《世界市场与中国对外贸易发展的外部环境》《中国与亚洲区域主义》（英文）、《中国与世界：新变化、新认识与新定位》《构建开放合作的国际环境》《寻求中国与世界的良性互动》《在理想与现实之间：我对东亚合作的研究、参与和思考》（中、英、韩文）、《百年大变局：世界与中国》《世界大势：把握新时代变化的脉搏》《国际区域学概论》等。

陈涵（北京大学博士生，本刊特约记者，以下简称“陈”）：张老师您好！非常感谢您接受《南大区域国别研究简讯》编辑部的邀请。中国当前正在积极推进区域国别学的学科建设，2020年国务院学位委员会办公室批准设立了交叉学科门类，2022年国家有关部门把它确立为一级学科，目前许多高校也建立了相关机构。您觉得区域国别研究为什么受到如此重视？

张蕴岭教授（以下简称“张”）：区域国别学的建设是一个过程。所谓区域国别研究，实际上是对外部世界的地区和国家的研究。区域国别学同全球化研究一样，都归属于国际问题研究。

区域国别研究不同于经济学、政治学等学科。经济学、政治学理论有其理论基底和明确的学科边界，高校学科设置也基本沿循分科思维设置这些学科。中国区域国别研究早已有之，我早期在中国社会科学院欧洲研究所（前身为西欧研究所）任职，后来在日本研究所，再到后期在亚太所，在这些机构都从事与区域国别研究相关的工作。

现存的学科建设问题有二。第一个问题是学科越来越单向化。大学分科导致区域问题、国别问题被分流到不同的学科中，对区域国别的研究呈现分散性。实际上，大量问题都带有整体性、交叉性。例如，你是研究美国的，但研究美国不能光懂它的经济，还需要很多交叉学科的知识，特别像美国这种复杂的大国，需要一批人有战略性观点和综合性分析，才能真正地认识美国，毕竟一个国家的政治、经济、社会、战略、外交是相互连接的。按照单科思维分析也具有一定可行性，比如经济预测就用经济的方法，但为何这些年我们对经济的预测都没有那么准确，是因为他们把政治、社会因素都给排斥掉，孤立地去做单一的预测了。所以分科细化研究，把区域国别问题分解成不同的单科趋势越来越强，这与实际需要很不相符。第二个问题是学科建设和国家需要的日益分离。一方面，由于学科建设的单核化，一些中小国家就没人研究了，这些研究被认为是发表价值甚少的“小知识”“小学问”，可发期刊少，课题支持少，职称评审机会少，所以这些年研究中小国家的人越来越少。另一方面，随着中国的发展，我们越来越需要对世界上每一个国家都有比较清晰的了解，但现有学术导向以大国为主，大家都去研究综合问题、大战略，中小国家研究的衰落其实无益于中国外交工作的持续推进。所以在这种情况下，从国家层面来看，我们越来越重视和支持区域国别研究，在教育系统建设了很多区域国别研究基地，又在现有学科下给区域国别研究设置二级学科。但学科单核化的问题还是没有解决，比如，语言学下设区域国别二级学科，但是毕业答辩的时候，还是得按语言学的要求来写论文，授予的学位还是语言学，交叉学科的知识无法产生效用，问题并没有得到解决。

建设区域国别学，出于三个方面的需要。一是国家战略需要，二是研究方法需要，三是人才培养的需要。这三个需要都要求区域国别作为一个学科来单独设立，所以设立区域国别学是非常紧迫的、必要的。

区域国别学的设立，能够解决现存的学科建设问题。第一，从人才培养的角度，我们可以培养区域国别学的研究队伍，区域国别学科的课程和经济学、政治学、历史学不一样，会体现出一种交叉性。过去，国家先设了交叉门类，在此之下设置自然科学，随后设立半导体学科，这体现出交叉性；后来在社会科学领域我们设置了国家安全学，这也具有很强的交叉性。第三批体现交叉性的学科就是区域国别学。区域国别学的设立得到了许多高校特别是一些外语院校的积极响应，包括在全国范围内成立了区域国别学联盟。在语言日益工具化的当下，区域国别学为外国语言学的可持续发展提供了学科支撑。语言有两个功能，一是交流工具，二是知识载体，区域国别学的出现可以推动外国语言学更好发挥语言的知识载体功能，因为学语言的人在训练的基础上，能够大量涉猎其他知识的课程。当然，区域国别学也为其他院校打开了一扇门，破除了原来的学科“篱笆”，为诸如国际政治和国际关系学科的知识融合提供了一个平台，所以大学对区域国别学的建设十分积极。第二，区域国别学也为中央的研究机构、社科院系统的研究机构中一些从事区域国别研究的学者，提供了新的研究方法。比如说，我在大学本科阶段学习外语，研究生又以经济学为专业，但是后来我从事了大量的交叉知识研究，因为我要推动这些国家的关系，写调研报告，在国际上主持一些相关合作的项目，所以光懂经济是不行的，大量的经济问题掺有很强的政治性，各国都有自己的利益，所以需要交叉知识的学习。总体来说，区域国别学受到重视是必然的，甚至可以说，中国区域国别学的建设其实有些晚了。国外早已有 Area Studies，并形成了一套教学和学位培养体系。国内早已有呼声，并且国家也响应开设了一批试点，终于成功推动区域国别学成为一级交叉学科。

区域国别学的构建并不影响原来学科的构建，反而为不同领域的研究提供了一种新的方法。比如，历史学有了区域国别学的视角，就可以用一种综合的知识去探求过去、当下和未来。历史学学科仍旧可以沿用它考古发掘、文献整理的方法，而区域国别学的出现能通过学科互通的方式，加强历史学的这种研究，为其提供一种更深层次的思考。当然，这不是最主要的目的，区域国别学的最终目的是形成新的学科融合，形成新的区域国别学的方法论。

陈：谢谢张老师！正如您刚刚所提到的，区域国别学建设的最终目的是形成融合，而我觉得您首创性提出的国际区域学也正体现了融合的理念。您2022年出版的《国际区域学概论》是世界上首部对国际区域问题进行系统理论构建的专著。我注意到，您在这本书中构建了一个共域空间的理念，即将区域作为一个相关国家共处的地缘空间，作为一个客观存在和各国的共生之地。现在您倡导的“国际区域学”受到越来越多的关注。为什么使用这种特殊提法，它的学理基础和方法论是怎样的？

张：我长期研究区域问题，区域问题与国别问题既有联系又有区别。国际区域学的提法基于我的三个基本的理念认定。

人类以族群分，划区域居，区域是共有的活动空间。国家出现后，区域成为各国实力争夺的空间，强者占领更大的区域，通过吞并成为帝国。三十年战争后，现代民族国家制度把区域分为不同的国家属性。这个民族国家的概念和过去的国家概念，尤其是和王国、帝国不同。现代民族国家有两个基本的前提，一是领土神圣不可侵犯，二是民族国家的国家治理是独立的，即内政不可干涉。现代民族国家制度的建立标志着人类社会的进步，为民族国家的生存提供了法律保障，并在第二次世界大战以后通过《联合国宪章》被确认为人类社会最基本的制度。

民族国家制度的确立为各国提供了受保护的生活空间、治理空间，但亦存在诸多问题。

第一，区域所具备的和能够提供的地缘空间被分割。比如水域资源被上游国家和下游国家分割，一些民族被跨境分散。

第二，民族国家制度的出现并没有阻止国家间因争端和实力争夺而引发的冲突和战争。联合国尽管在全球范围内确立了民族国家的基本制度，通过安理会这个设想试图确保世界的安全，还成立了系列国际组织，但区域层次的制度构建仍处于真空状态。基于上述问题，欧洲人结合两次世界大战的教训，回归区域层次重建和构建新的区域制度，推动欧洲联合。在区域内，国家要遵守共同的规则以促进区域的发展。从欧共体到欧盟，欧洲区域重建的实践告诉我们，在民族国家的制度基础上通过合作来共建区域以解决和平与发展的问题，是重要且可行的，这种路径与强调利益争夺、大国纷争的地缘政治、地缘战略不同。

第三，我所提出的国际区域学，就是致力于改变马汉、布热津斯基那种传统的国际关系思维。国际区域学有几个方面的含义。首先，为什么叫国际区域？大家平常都用“region”来称呼“区域”，但是我认为自民族国家创建后，区域就具有了国际属性。比如，欧洲国家之间的关系既有以民族国家制度为代表的国际关系性质，也有区域性质，这就是国际区域（international region）的体现。换句话说，在主权意义上，国家具有国际属性，但在地缘层次上，国家同处于同一个区域内。我们可以将这个区域简称“regional”，但其实际上具有国际的性质。国际属性要求我们用国际的办法来构建这个区域。其次，为什么是国际区域“学”？学就是理论、学问。我的国际区域学，理论前提是区域的“共处、共生、共享”，这与西方对区域的地缘和战略定位不同。“共处、共生、共享”的理念是我对中国传统思想的一种考察。中国人的区域观有着基于共生理念的历史认知基础，古代的“天下观”具有“天下一家”的基本内涵。现代中国先后提出了一系列基于共生观的理念、政策和倡议，比如“和平共处五项原则”“睦邻、安邻、富邻”“亲、诚、惠、容”“和谐周边”“命运共同体”等。在中国特色的国际区域学理论体系里，它们应该得到充分的体现。所谓共处，是一个自然现象，即各国同处于一个共同的地缘空间内。在共处的基础上，各国在国际区域内共生，这是一个前提，它不是零和博弈，而是强调共同生存、共同发展。共享则指的是区域资源共同分享，不仅共享政治、经济、文化、制度资源，也共享区域的历史和现实。人类命运共同体（A Human Community with a Shared Future）理念体现的就是共享的内核。实现共享，需要借鉴欧盟、东盟的经验，通过合作的方式建立区域合作机制，实现互联互通。

基于“共处、共生、共享”的三个理念来构建国际区域学，其基本出发点不是西方崛起后持续强调的“争”，而是在这个区域内寻求推动国家合作的办法。通过协商来创造共享的利益，这就是我在国际区域学方面的一个颠覆性的构建，我要改变西方崛起后那套以“争”为先的国际关系理念，从理论的角度来解决区域层面的现实问题。中国特色的区域国别学理论要走出西方地缘政治学、“欧美中心论”的思维和导向，我主编的《国际区域学概论》《国际区域治理概论》《国际区域认同研究》等就是基于这样的出发点，力图为国际区域的重构和构建建立一个理论体系框架，近 2—3 年，我还有十几本理论性著作和专门研究成果出版。此外，我还在计划出版有关区域发展新论的一部作品。新发展通论不光强调区域的市场开放问题，更要重构一套区域层次的社会、文化方面的理论。有些人说，区域国别学不需要理论，只需要务实研究，但我认为它恰恰需要理论的融合和创新，要体现出中国的特色。

世界国家众多，“一国一体”“一国一学”，一个人很难成为多国别研究的专家，国别研究需要大批研究队伍。区域国别学学科为国别研究，特别是关于中小国家的研究提供了学科支撑和机制构建环境。如今，国内的国别研究力量和资源配置主要集中在少数大国，这种状况必须改变。我希望中国能有一批年轻人，将来能创造一套具有中国特色的区域国别学理论，从学理、现实层面构建我们的国际话语权。希望你将来能运用你的所学去探讨这些问题。

陈：谢谢张老师。人们注意到，更早的年代您曾经是中国社会科学院欧洲研究所（前身为西欧研究所）副所长，对于欧洲特别是欧盟的研究也有很深造诣。于是，我的下一个问题是，欧盟方式与东亚方式有何不同，这两种著名的区域安排（及其战略策略）对于国际区域学有哪些可能的贡献？

张：我在社科院欧洲所待了十年，主要研究欧洲一体化问题。后来我做的研究和实际工作、对国际区域学的构想，都和欧洲联合有关。联合是解决欧洲根本问题的出路。在第一次世界大战之前，已有学者在讨论欧洲联合的问题，其中康德提出永久和平论，设想了一套机制来保障和平。第一次世界大战后，欧洲区域联合的构想又再次被讨论，其中最著名的是时任法国外交部部长白里安提出的计划，其倡议成立“欧洲合众国”，并在国际层面建立国际联盟，但上述设想并未成功实现。第二次世界大战后，欧洲人反省了两次大战带来的灾难，下决心推动欧洲联合以避免战争再次发生。我曾经提出，当欧洲硝烟未尽的时候，这些欧洲的领导人就已经在思考欧洲的未来道路了，那么欧洲联合是一个比较理想的方案。当时欧洲设想的联合是建立一个欧洲合众国，管理资源分配，解决各国互斗互争的问题，但各国忧虑大国会借此机会支配小国。而在民族国家广泛确立的情况下，各国都必须在主权前提下逐步推动欧洲的联合。因此，欧洲联合的进程有几个特征。一是具有渐进性。其从煤钢联营开始，并朝向共同市场、共同体、联盟一步步演进，逐步消解战争爆发的各项可能条件。二是以基于规则的大国协商而非传统的大国治理为架构。三是区域资源的共建和共享，例如通过共同农业政策、地区发展基金来推动区域国家的均衡发展。四是构建区域层次上的管理机制，例如建立欧洲法院，出台法律规定欧洲法和国家法之间的位序关系；建立欧洲议会，推动各国共同参与；建立统一大市场和单一货币体系，推进经济制度的共享。五是提升各国参与的平等和民主性。欧洲联合的历史启发我探讨区域构建的路径，我认为，欧洲联合恰恰体现了我所提出的“共处、共生、共享”理念。

我是最早推动中国参与区域建设的人之一。我推动建立了中国的第一个 APEC 政策研究中心，召开了第一场 APEC 部门协调会议，担任过“10+3”东亚自贸区可行性研究的专家组组长，参加了日本牵头的“10+6”自贸区可行性研究，也推动过中国—东盟自贸区的建设。这些机制的设立目标都是试图在区域层次上解决东亚的问题。但是东亚和欧洲有不同之处。首先，东亚不是两次世界大战的发源地和主战场；其次，东亚地区国家的幅员差异较大，政治体制有区别，道路有分化。我在《在理想与现实之间：我对东亚合作的研究、参与和思考》这本书中，记录了我作为东亚展望小组成员，亲历东亚合作进程的所思所感。我对东亚合作的愿景设计是“东亚共同体”，这是东亚合作的理想①。

但是，东亚的现实和这一愿景的差异是较大的。因此，我提出了东亚合作的多轮驱动理论②。不同于欧洲的南北欧“双轮驱动”模式，“多轮驱动”是一种功能性的、多层次的区域构建思路。在区域合作中，东南亚国家建立了东盟，从泰国、马来西亚、新加坡、菲律宾和印度尼西亚五个创始成员国的规模，再到形成了一个将东南亚所有国家都逐渐加入的地区框架。东南亚国家有三个特征：第一，组建东盟的成员国制度有较大的分化；第二，许多国家都有殖民地历史；第三，东南亚国家卷入战争较晚。东盟的治理方式既借鉴了欧盟，又创造了一种不同于欧盟的区域治理方式和框架，致力于建立一个成员国共同参与，通过协商开展对话的平台。东盟模式有目标驱动、平台协商、条约落实等特征，这种构建不具备强制性，而是充分强调区域内成员的主权，主要靠共同的承诺而非法律来推动各国共同遵守一些基本原则，例如尊重主权和相互依存，不干涉内政，不使用武力，避免使双边问题在地区层面对抗，协商一致的决策过程和谨慎处理敏感问题。在此基础上，东盟渐进式地推动区域市场的开放以逐步解决东南亚国家面临的发展问题。从东盟内部优惠政策的实施再到自贸区开放市场的建立，东盟积极地利用外资的力量，助力其发展经贸关系。东盟共同体有三个支架，即政治共同体、经济共同体、社会文化共同体。每

---

① 详见张蕴岭：《在理想与现实之间——我对东亚合作的研究、参与和思考》，中国社会科学出版社 2015 年版。

② 详见张蕴岭：《转变中的亚太区域关系与机制》，《外交评论（外交学院学报）》2018 年第 3 期。

一个支架都会制定推进目标，并把目标作为行进动力，最终目标是构建单一的生产基地（single production base），这和欧盟的单一市场（single market）不同。因此，东盟是渐进的、以目标驱动的、以合作精神支持的一个共享区域。东盟为了改善自身的发展环境，不仅依靠推进市场开放，还通过互联互通等理念大力开展经济合作。东盟采取对话合作、力量平衡的战略，也就是与外部国家进行政治与安全对话，开展协商与合作，构建以东盟为中心的大国力量平衡机制，消除了外部力量在本地区产生对抗与爆发战争的可能。东盟制定了《东南亚友好与合作条约》和《东南亚无核武器区条约》。东盟的所有对话与合作伙伴国都需要签署这两个条约，承诺遵守条约的原则。东盟的实践同样体现出“共处、共生、共享”的区域理念，各成员国尽管制度不同，但坚持以共同目标来驱动成员国共同合作，坚持构建以东盟为中心的经济开放合作框架，坚持以东盟为整体开展对外交往。可以说，东盟发展的意义和影响已经超出本身，对东亚地区的合作至关重要，它在聚拢东亚其他国家参与区域合作方面发挥了特殊的作用，这就是我们说的东亚模式。

因此，欧盟模式和东亚模式并无高低之分，各地区的发展都没有明晰的定式，适合本地区具体情况的、能够促进该地区和平的就是好的区域模式。

陈：您长期以来一直以东亚问题专家而著称，近年在山东大学同时开创了新的领域如区域国别研究，而且现在也正在推进东北亚研究院的建设。您觉得传统的东北亚研究和东南亚研究在学理上与您倡导的“国际区域学”有何异同？

张：东北亚的地区历史和地缘政治都十分复杂，东北亚地区的传统关系和秩序结构随着近代日本的崛起、美苏争霸都曾经发生过重大的动荡和改变。东北亚地区是一个充满动能、风险的地区，在这样复杂的情况下，如何构建一个“共处、共生、共享”的东北亚？这条路非常复杂，它既要处理朝鲜半岛的历史遗留问题，包括双边历史问题、领土争端问题和日本作为侵略者的责任清算问题，又要应对美国作为域外大国的霸权介入问题。近代的东北亚经历了地区关系与秩序的大变局，形成了二元东北亚，一方面是日益加强的中日韩经济关系；另一方面这种关系又带有对抗和竞争，再加上后来的中美战略竞争。与欧洲不同，东北亚还遗留着第二次世界大战的伤痕，仍未摆脱第二次世界大战的后遗症，且美日韩同盟体系对东北亚的主导影响是比较强的。此外，东北亚是世界上核武器规模最大、烈度最强的地区，加上朝核问题的出现，使东北亚处在核恐怖的阴影之下，一旦失控，后果不堪设想。

我建立东北亚学院，就是希望未来能培养一批人才深度了解东北亚，从区域国别学的角度去探讨构建“共处、共生、共享”的东北亚，实现东北亚地区和平的可能。为此我还申请了一个国家社科基金的重大课题，主题就与东北亚的命运共同体构建有关。我的结论是，东北亚地区要以合作的价值观为导向，推动东北亚各国的话语对接。例如，寻求和平合作、共同发展，实现东北亚地区的和平，这样的目标各国都有，但是表达的形式不同。东北亚国家可以用多样的形式表达共同的话语理念，既体现同质性传统基础，又包容各自不同的发展。但目前，我所提的这一阶段暂时还无法达到，因此首先目标应是推动中日韩合作机制的发展，使中国、日本、韩国这三个有复杂交缠的历史、曾有很强敌意认知的国家相互连接，这是东北亚合作的重要动力源。目前，中日韩合作已经建立以领导人会议为核心、以部长级会议、高官会和 70 多个工作层机制为支撑的合作体系。我想，这些努力的目的就是创建一个“共处、共生、共享”的东北亚。

我对区域国别学的推动，就是希望至少从研究生开始培养一批能够面向未来的人才，为东北亚的综合问题研究提供学科支撑，也为破除原来单学科研究视角的局限，提供新的方法。东北亚学院作为全国率先以新兴交叉学科为定位的学院之一，在区域国别研究和交叉型教学实践中积累了多学科交叉融合的人才培养经验，在区域综合研究、专门研究和复合型人才培养方面拥有显著优势。我还进行了一些试点，比如开设国际经济和国际政治的本科生双学位班，推动一批人才以新思维去研究东北亚。在中美战略竞争仍将持续的背景下，东北亚必须要找到适合的区域协调机制。东北亚区域现在已经与东亚紧密关联，东北亚的三个国家中国、日本、韩国均参与了容纳更多成员的《区域全面经济伙伴关系协定》和亚太经合组织，未来东北亚国家在开放型合作方面有巨大潜力尚待挖掘。我认为，和平构建是东北亚地区当前的第一要务，就是要创造东北亚的动态和平，不是永久和平，也不是机制和平，而是通过渐进式的区域管理来逐步消除一些矛盾，使大事化小、小事化了。威海这个地方非常适合东北亚学院的建设，它见证了历史上的中日甲午战争，威海卫之战是东北亚近代史的一个重要案例，学生在威海学习，能亲身感受东北亚历史的变迁。[①]

① 注：在与张蕴岭教授访谈的过程中，笔者总结了传统的东北亚研究与国际区域学中的东北亚研究的不同。国际区域学中的东北亚是区域与话语意义上扩大的东北亚，是寻求相似性而非差异性的东北亚，是寻求合作方案而非分离方案的东北亚，是有系统学科思维介入的东北亚，而不是只讲政治思维的东北亚。

陈： 在当前区域国别学的建设过程中，很多人谈论的一个难题是，如何处理和平衡好区域国别研究工作中的现实对策研究（资政建言）与理论学术培育的关系？张老师您是这方面的公认的很好统合了对策和学理，实现两手兼顾的大家，不仅用国际区域学构建了理论体系，还积极参与到“10+3”“10+6”这些区域机制的可行性研究中，这都是我们这些后来者需要学习的，您觉得对策研究和理论学术培育之间是否有轻重缓急的矛盾，如何平衡好它们之间的关系？

张： 区域国别学一级学科的设立为区域国别学理论的创建提供了前所未有的机遇，随着区域国别学成为一级学科，理论构建被置于重要位置，受到高度重视。作为一门学科，区域国别学需要理论作支撑；作为强调现实性的研究，区域国别学要求研究者在深度调研和掌握真实情况的基础上，运用区域国别学的理论框架思考问题。区域国别学的建设离不开团体的努力，需要一大批人才全面、深入地了解当地区情，进行战略性研究、综合性研究和对策性研究。随着区域国别学被正式列为交叉学科门类下的一级学科，可以说，中国区域国别研究和人才培养迎来了春天，一批专司区域国别研究的人才得到了学科的资源支撑，人才储备库正在扩容。区域国别学学科要构建更为坚实的研究基底，还需要大量的制度构建，为区域国别学提供更为完备的资源支撑。

在资政建言方面，区域国别学有其战略特色。首先，区域国别学建设为资政建言建立了知识资源的储备体系。作为一个世界大国，了解各国的具体情况并针对性地开展政策研究，是中国发展的应有之义。美国、英国、日本等国的区域国别研究主要服务于战略目的，例如美国的区域国别研究就是由军方提供资助而取得发展的。随着信息现代化的发展，军方对区域国别研究的兴趣减弱，这导致美国区域国别研究的蓄力资源逐渐不足，区域国别学学科的建设面临一些挑战。相较之下，中国的区域国别研究回应了中国发展的需求，从战略高度而非部门利益角度建设区域国别学，因而学科建设更具长期性、可持续性，能够储存相应的区域国别知识以备后用。其次，区域国别学建设能够弥合中国资政建言体系的现有问题。目前，资政建言体系存在任务要求紧急与研究响应不足的错配，推动有规律的、高频度、累积性的区域国别研究发展，能够构建一套资政建言响应机制。最后，在高校中建设区域国别学，能够系统利用高校、研究机构理论构建、认知引导、学术发声的特质，与专司资政建言的政府机构互补，为决策者提供深度的、专门性的区域国别研究意见参考。高校能够通过公开或非公开的学术发表、讲座研讨会等渠道，在区域国别学建设的过程中为政府提供来自学界的观点。对策研究和理论学术培育并无主次之分，而是相互连接、相互联系，兼具学理性、现实性的区域国别研究的发展能够为理论学术培育和对策研究提供衔接的桥梁。从这个层面来看，区域国别学建设尚且需要政策制度的支撑，以打通学术研究和资政建言之间的联系通道。

陈：您觉得在目前国内区域国别研究看似不错的情势下，还有哪些需要注意和提醒的地方（短板），或者您对当前的区域国别研究有没有什么建议、评价？

张：我很高兴，经过多年的努力，区域国别学终于成为一级学科，得到了国家的高度重视，许多学者也积极参与到区域国别学的建设中，研究热情高涨。与此同时，我也隐忧，区域国别学学科作为一个新的交叉学科，应该如何建设？区域国别学交叉融合的最终目的还是要形成融合创新，形成一套不同的理论。目前，我觉得区域国别研究的建设有些一哄而起。我最近被邀请去了不少的学校研究机构，大家还在疑惑，到底什么叫区域国别学？它是否存在？过去单科培养的学科思维可能限制了我们对于区域国别学的认知和定位。对此，一是应当在制度层面上进一步推进区域国别学学科建设，破除原有学科构建中的“单科＋衍生知识”模式，在多导师制和交叉学科课程的支撑下实现迭代式发展，逐步建立具备交叉学科知识的教师队伍和研究人才库。二是不应仅将区域国别学的建设简单化为增加几个名额、增加几个学科分类、增加几门课程的事情，而是要真正形成系统性的区域国别学学科思维。三是区域国别学学科建设需要有效的资源支撑，包括学位授予、资金支持、国情调研支持、成果认定支持、学术发表支持。目前的期刊评价标准过于看重高引用率，导致在国别研究上，很少有人研究老挝、柬埔寨这类的中小国家，大都集中在能带来热度的美国等少数几个大国，这使关于一些规模虽小但十分重要的国家的研究被忽视。因此，需要重新构建一套学术期刊的评价机制，以更好支持区域国别学的发展。有分析深度的小文章何尝不是好文章？仅将研究视野局限在大国的发表现象需要被改变，但目前，区域国别学的相关期刊尚未被纳入学术评价体系中。我认为，这一问题有待逐步解决。一个学科的建设不是一蹴而就的，构建具有中国特色的区域国别学，需要几十年的时间、几代人的努力。

尽管我年事已高，但还要继续做下去。但最重要的是后继有人，着力推动培养一批中青年学者，能够专心、踏实、有创建地研究，出思想、出成果，把以区域国别学理论创建为重点的山东大学国际问题研究院的工作做好，让年轻人更快地成长起来，可以担当大任。再就是继续推动整体区域国别学的学科建设。我本人也参与了推动学科设立的工作，利用各个平台来推动全国区域国别学的发展。

陈：非常感谢张老师！您对国际区域学的学理阐释和关于构建区域国别学学科建设的建议为未来的区域国别学研究者提供了精准的方向指引。山东大学目前也已经完成了自主设立区域国别学一级学科博士点的论证，有望在今年开始招生，我们期待山东大学未来能在区域国别学研究上有更多成果产出，也期待您的国际区域学系列著作的出版，希望区域国别学的研究队伍日益壮大。

学理探幽

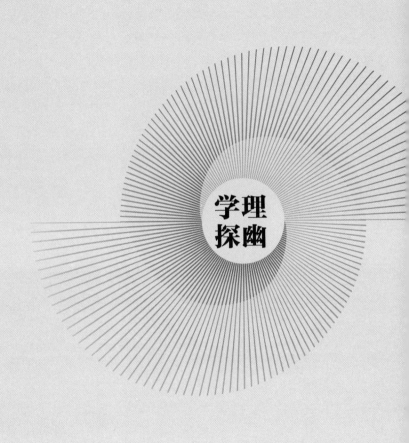

中国特色的国际公共产品供给与全球治理路径

曹德军

【内容提要】国际公共产品供需失衡是当前全球治理的核心难题。长期以来主流经济学围绕非竞争性与非排他性的二重性分析，透视了公共产品供给不足的集体行动困境，但忽视了供给方之间的竞争关系。国际公共产品在消费端具有“集体性”特性，但在供给端具有显著的“竞争性”特点。在国际政治竞争过程中，大国为提升自身国际影响力，会竞相推出各具特色的国际公共产品以吸引他国支持与追随。在权力转移时代，国际公共产品供给竞争凸显出全球治理的等级分层与功能分异问题。依据纵向竞争烈度与横向功能分化，可将国际公共产品供给路径分为错位式竞争、替代式竞争、叠加式竞争与协调式竞争四种模式。如今中国已经成为全球治理的关键力量，面对大国竞争与自身挑战，需要进行差异化国际公共产品供给。在短期时间内（2030年前）基于错位式供给与叠加式供给策略，重点落实全球倡议的中国创新方案，扎实提升中国全球治理的国际认可度。在中长期时段（2050年前）则秉持替代式供给与协调式供给策略，努力降低治理成本，推进全球治理体系的渐进扩容、升级与优化。

【关键词】国际公共产品；生态位竞争；全球治理；中国外交实践

【作者简介】曹德军，中国人民大学国际关系学院副教授。

在全球治理领域，新兴国家如何供给国际公共产品是一个重大的现实与理论议题。长期以来，西方主流理论认为，在无政府约束下主权国家会倾向于“搭便车”而非主动提供公共产品，这会导致“国际公共产品的供给困境”。但实际上，大国在供给国际公共产品时，甚至会将让他国“搭便车”作为目标之一。供给国际公共产品不仅仅是简单的经济收益问题，更是重大的政治问题。作为最具潜力的新兴大国，中国需要结合具体的领域，有所为有所不为。自 2008 年国际金融危机以来，全球治理赤字日趋严重，国际社会对中国方案的期待不断上升。中国承诺将为全球治理贡献更多造福世界的中国智慧，并以“一带一路”倡议、金砖国家新开发银行、亚洲基础设施投资银行与“人类命运共同体”理念为抓手，向世界提供新型国际公共产品，欢迎大家搭乘中国发展的列车。积极参与全球治理体系改革和建设是中国和平发展的重要内容，需要根据不同供给路径，在供给重叠领域展现出自己的特色和优点，形成多层次、有步骤、显特色的国际公共产品供给路线图。

一　重新理解国际公共产品：从消费维度到供给维度

在全球治理格局中，国家依然是公共产品供给的最有实力的承载者，大国也应肩负更多责任。传统的公共产品理论围绕消费的非竞争性与非排他性，透视了公共产品供给不足的集体行动困境，但忽视了供给方之间的竞争关系。在国际政治竞争过程中，大国为了提升自身国际影响力与领导力，有动机竞相推出各具特色的国际公共产品。理解国际公共产品供给竞争，就需要首先认识到公共产品在供给维度上的排他性质。“公共产品”（Public Goods）最初的经济学定义是指：一国政府为全体社会成员提供的、满足全体社会成员公共需求的产品与劳务。[①]然而消费维度的公共性分析，掩盖了供给维度的竞争性。国际无政府结构与国内单一政府结构的治理逻辑存在差异，国际公共产品在消费端的公共性不足，而在供给端则具有广泛的竞争性。

（一）国际公共产品消费维度的“集体性”

长期以来，古典经济学将公共产品视为市场产品的必要补充，是公共机构在市场失灵时供给的公益产品。自由主义经济学家指出，自由市场通过驱使个体追逐利益最大化从而最终会满足所有人的公共福利。[②]但是亚当·斯密“无形之手”所隐喻的自由利益和谐，忽视了个体利益与集体利益之间的矛盾。如果不存在稀缺性约束，那么每一种商品都可以无限量地生产，或者人类的欲望可以完全得到满足，就不存在私有与公有的区分；但现实世界中的稀缺性条件使自由竞争可能引发“市场失

① 古典经济学基于效率概念，将人造商品区分为私有产品与公共产品。纯粹的公共产品可以将收益零成本地扩展至其他消费者，具有广泛的正外部性。参见樊勇明：《区域性国际公共产品——解析区域合作的另一个理论视点》，《世界经济与政治》2008 年第 1 期。

② 被誉为“古典经济学之父”的亚当·斯密强调自由市场、自由贸易以及劳动分工，他在《国富论》中曾写下这样的名言：“在竞争中，个人的野心往往会促进公共利益。我们所需的食物不是出自屠宰业者、酿酒业者、面包业者的恩惠，而仅仅是出自他们自己的利益的顾虑，我们不要求助于他们的爱他心，只要求助于他们的自爱心。我们不要向他们说我们必需，只说他们有利”。参见 [英] 亚当·斯密：《国富论》，郭大力、王亚南译，商务印书馆 2015 年版。

灵”。[①] 为克服“集体行动困境”[②]，需要政府介入供给“公共产品”，公共产品的公共性可以弥补市场无法处理的负外部性难题。基于此，从消费维度的非排他性（Non-excludability）和非竞争性（Non-rivalry）入手，公共产品常被定义为：“每个人对它的消费不会减少其他人对这一物品的消费”，即消费端的非竞争性；同时“任何人的消费都不排斥与妨碍同时被他人消费”，即消费端的非排他性。[③] 这种消费端的二元框架影响深远，成为公共产品理论的主导分析范式。21 世纪初美国经济学家英吉·考尔（Inge Kaul）将此逻辑推广至国际或全球层次，认为全球公共产品是“反映全人类普遍、不可分割和相互依存愿望，在空间上所有人参与、所有人共享，在时间上世代连续享用的公益产品”。[④]

敏感领域的国际公共产品供给可能面临私物化风险。实际上，现实世界的大多数公共产品都具有不同程度的私有性或半公共性。在供给—消费的不对称依赖关系中，公共产品供给者可能将公共产品私物化；而且任何人造商品的“公共”前缀属性都不是固定的，在不同竞争互动中呈现出不同形式。例如美国经济学家保罗·萨缪尔森（Paul A. Samuelson）最早开

---

① Janne M. Korhonen, “Overcoming Scarcities through Innovation: What Do Technologists Do When Faced with Constraints?”, *Ecological Economics*, Vol.145, No.2, 2018, pp.115-125.

② 关于集体行动困境的论述参见 Garrett Hardin, “The Tragedy of the Commons” , *Science*, Vol.168, No. 3859, 1968, pp.1243-1248。

③ Meghnad Desai, “Public Goods: A Historical Perspective”, in Inge Kaul et al. eds., *Providing Global Public Goods: Managing Globalization*, UNDP, New York and Oxford: Oxford University Press, 2003, pp.64-65.

④ Inge Kaul et al. eds., *Global Public Goods: International Cooperation in the 21st Century*, New York and Oxford: Oxford University Press,1999, pp.6-9.

始分析公共产品时使用的概念是“集体消费品”（Collective Consumption Goods）。[①]“集体消费品”具有潜在的公共性，需要通过政治政策实践将其转化为实际的公共产品。何况公共产品供给并非在一个中立的、没有政治竞争的公共空间中进行，公共产品供给存在较强的“私有性”（Privateness）。[②]此外，有关“准公共产品”（Quasi-public Goods）的大量研究表明，现实中的诸多公共产品在消费时容易产生拥挤效应。这意味着公共产品的界定存在一个阈值，在这个阈值以下私有物品的边际效用高于公共物品的边际效用。[③]由此“公共”产品可能是公共或私有供给的，而“私有”产品也可能是私有或公共供给的。况且与国内政治不同，国家之上不存在超国家的代理机构，公共产品由谁提供是不明确的。

（二）公共产品供给维度的“竞争性”

从供给竞争角度可以将国际公共产品定义为：国家为保持和建立国际竞争优势、获取国际正当性认可，在国界之外供给的任何具有正外部性的产品。在主权平等时代，国际公共产品由谁提供并不明确。即便霸权国愿意供给国际公共产品，但其

---

① Paul Samuelson, “The Pure Theory of Public Expenditure”, *The Review of Economics and Statistics*, Vol.36, No.4, 1954, pp.387-389；他首次使用“公共产品”一词是在另一篇论文：Paul A. Samuelson, “Diagrammatic Exposition of a Theory of Public Expenditure”, *The Review of Economics and Statistics*, Vol.37, No.4, 1955, pp.350-356。

② Richard Musgrave, “The Voluntary Exchange Theory of Public Economy”, *The Quarterly Journal of Economics*, Vol.53, No.2, 1939, pp.213-237.

③ 即使是一个非排他性的公共物品，所产生的竞争（即拥挤）程度也可能是不同的，这取决于其基本用途。例如，在夏季等使用高峰期的停电停水是消费拥堵的常见例子。在拥堵条件下浪费的时间与资源，增加了消费者的使用负担；破坏了公共产品的可及性和公共性。

本国利益与全球利益之间的张力，依然会使国际公共产品“天然”具备私有性。历史表明，当主要大国为了扩大国际影响力，希望尽量多地吸引消费者，就会导致大国在重叠的供给端竞争加剧。[①] 新兴大国只有供给比霸权国更好、更优质的公共产品，才能在争夺影响力的竞争中胜出。

一方面，公共产品供给带来政治正当性。公共产品供给是一种社会化的实践，需要赢得社会成员的正当性认同。[②] 古希腊哲学家亚里士多德认为，“城邦的存在是为了美好的生活”，美好的生活需要个人为社区的福祉作出贡献。[③] 大卫·休谟（David Hume）在 18 世纪也谈到了提供“公共产品”是“公共机”的责任。[④] 在竞争性政体中，领导者为了增加正当性，会寻求提供更多的公共产品。冷战结束后大国竞争的军事手段正当性下降，获得国际霸权的低成本途径是采取吸引性战略，或供给国际公共产品吸引他国的追随与认可。[⑤] 对于新兴大国而言，以国际社会评价为中心，就需要创新国际公共产品供给模

---

① 有关霸权国与新兴大国的地位争夺的文献参见 William R. Thompson et al. eds., *Major Powers and the Quest for Status in International Politics: Global and Regional Perspectives*, New York: Palgrave Macmillan, 2011, pp.10-20; T. V. Paul, Deborah W. Larson and William C. Wohlforth eds., *Status in World Politics*, Cambridge: Cambridge University Press, 2014, pp.25-34。

② “正当性”（Legitimacy）也被称为“正统性”或“合法性”，但译为“正当性”似乎更为贴切。在政治哲学的语境下“正当性”与“合法性”分别对应“Legitimacy 和“Legality”。前者是规范意义上的某种伦理或道德观念的认同；后者则更聚焦于权威统治下作为统治程序的制度、规则等。参见 Ian Clark, *Legitimacy in International Society*, Oxford: Oxford University Press, 2005, pp.3-4。

③ 参见 [古希腊] 亚里士多德：《政治学》，吴寿彭译，商务印书馆 1965 年版。

④ Richard Cornes and Todd Sandler, “Easy Riders, Joint Production, and Public Goods”, *The Economic Journal*, Vol.94, No.375,1984, pp.580-598.

⑤ Shipping Tang, *A Theory of Security Strategy for Our Time: Defensive Realism*, London: Palgrave Macmillan, 2010, pp.5-9.

式，尽可能发挥比较优势增强政治影响力。只有真正为国际社会作出独特贡献，崛起正当性才能被广泛认可与接受。

另一方面，公共产品供给存在竞争性。与国内公共产品的另一个显著不同在于，无政府状态下的公共产品的最大难题不是消费，而是公共产品的供给。正如杰克·赫什利弗（Jack Hirshleifer）等人指出的那样，公共产品能否被生产的关键在于谁愿意供给，而不是谁愿意消费。[①] 然而当新兴大国与霸权国供给的全球公共产品功能趋同，供给竞争将被激化。由于消费国的数量是既定的。正如卖同样质量产品的商家之间，竞争往往最激烈一样，大国之间的供给竞争是没有硝烟的战争。

概言之，国际无政府结构与国内单一政府结构的治理逻辑存在差异，大国竞争会扭曲国际公共产品的“公共性”特征。鉴于霸权国的供给意愿与正当性基础时常发生变化，需要关注新兴大国在全球治理中的供给能动性。

二　中国供给国际公共产品的挑战与路径选择

新兴大国的全球治理改进需要兼顾竞争压力与国际需求。供给国为了扩大国际影响力希望尽量多地吸引消费者，会导致大国在重叠的供给端竞争加剧。因此，新兴大国需要寻求不在霸权国主导领域与之展开正面竞争，而是要进入被霸权国忽视的利基领域。[②] 而且，根据消费国需求的轻重缓急，对供给领

① Jack Hirshleifer, “From Weakest-link to Best-shot: The Voluntary Provision of Public Goods”, *Public Choice*, Vol.41, No.3,1983, pp.371-386.

② Chunman Zhang, “The Power of a Niche Strategy and China’s Preemptive and Adaptive Response to the US Indo-Pacific Strategy”, *China Review*, Vol.20, No.3, 2020, pp. 239-259.

域进行选择性安排。供给什么不仅要基于自己擅长什么，更要基于别人需要什么。[①]国际消费者对公共产品的需求，有刚性和弹性的区别。由此，供给国需要在评估国际需求前提下，对供给的产品进行先后排序。

（一）中国供给国际公共产品的挑战

从供给维度理解，新兴大国应该重点供给自己具有比较优势的领域，也应补齐存在缺失的短板。为此中国需要不断学习探索，正视不足与优势，有所为有所不为。[②]需要明确的是，中国既是一个迅速发展的新兴大国，同时也是一个发展中大国，在参与国际公共产品供给方面经验不足，治理手段与配套机制建设也相对落后，这些都是有待进一步完善的地方，具体而言分为以下三大方面。

第一，面临霸权国的竞争优势与战略压力。传统的公共产品定义围绕消费侧的特性展开，透视了公共产品供给不足的集体行动困境，但是忽视了供给侧的竞争性与选择性特点。实际上，争夺国际公共产品的供应权是一场没有硝烟的竞争。当全球领导权转移时，这种竞争更加明显。一般而言，国际公共产品的供应竞争有两类：一是地理上的公共产品供应竞争，具有很强的地缘性与阵营对垒特点，保持对中间地带和对方阵营的进攻或防守是竞争常态；二是领域性的公共产品供应竞争，在

① Richard N. Cooper, "Financing International Public Goods: A Historical Overview and New Challenges", in Christopher D. Gerrard, Marco Ferroni and Ashoka Mody eds., *Global Public Policies and Programs: Implications for Financing and Evaluation Proceedings from a World Bank Workshop*, The World Bank, June 2001, p.16.

② 张春：《国际公共产品的供应竞争及其出路：亚太地区二元格局与中美新型大国关系建构》，《当代亚太》2014 年第 6 期。

政治、经济、文化、安全等不同领域进行的竞争。在大国相互依赖、相互竞争的背景下，中国要供给具有自身特色的公共产品，必须充分评估自己面临的可能风险与压力。例如，在中国积极供给“一带一路”公共产品时，就有不少西方学者忧虑地指出，中美之间将围绕“一带一路”、亚投行等公共产品触发地缘政治竞争。从地理范围上来看，美国的“新丝绸之路计划”、俄罗斯主导的“欧亚经济联盟”、日本的“高质量基础设施合作伙伴关系战略”、印度主导的“东向政策”与“季节计划（Project Mausam）”、哈萨克斯坦等国的跨欧亚运输计划、土耳其发起的“现代丝绸之路计划”等，都与中国的倡议存在一定重叠和竞争。① 如表 1 所示，供给竞争的国际压力是中国参与全球治理须面对的现实问题，需要重视。

表 1　　中国供给国际公共产品的自身优势与外部竞争

项目	自身优势	外部竞争
“一带一路”倡议	在物质实力方面展示中国的基础建设能力与融资实力； 为区域和国际共享合作提供了开放式合作平台； 在互动模式上主张不分中心与边缘，不分主动与被动，充分尊重共建国家的各自差异，在相互依存中平等互补	美国与日本相应的抵消措施；俄罗斯或印度的防范与疑虑
亚洲基础设施投资银行、丝路基金	促进国际金融机制的多元化，补充既有体制的低效与不公平问题； 对区域内的资源进行重新整合，为亚太地区的下一轮繁荣和竞争力提升创造环境； 作为平台创新有助于打通制度壁垒	与世界银行、亚洲开发银行等组织存在一定业务重叠和竞争关系

① 祁怀高：《“一带一路”对中国周边外交与亚洲发展的影响》，《中国周边外交学刊》2015 年第二辑。

续表

项目	自身优势	外部竞争
人类命运共同体理念	增加区域和全球信任度，将不同国家连带成一个共同体； 以包容共享哲学，对国家身份的划分超越二元思维	西方自由主义思想、保守主义思潮，以及传统地缘政治考虑使亚洲内部不信任感与认同感淡薄，会冲淡命运共同体的价值

资料来源：笔者自制。

第二，国际公共产品的供给主体分化，中国国际话语权仍显不足。随着全球化进程的深入，非国家主体的重要性凸显并参与议程制定、规则遵守、过程监测等环节。全球治理的多元化与经济自由化、技术扩散和知识权威的分散密切相关。随着国际非政府组织、跨国社会运动、全球公民网络、跨国公司等行为体以多种途径参与公共事务的管理，主权国家在国际公共产品供给中的话语权受到挑战。当前，中国与非政府组织打交道的经验与能力有限，自身参与全球公民网络的努力依然不够。尽管党的十八大以来，在民间组织治理方面取得长足进步，但是中国社会组织参与全球治理的深度不仅落后于欧美日等发达地区和国家，也远远落后于俄罗斯、印度等新兴国家。例如，据联合国经济及社会理事会（United Nations Economic and Social Council, ECOSOC）的统计数字，2014 年具有联合国咨商地位的社会组织中美国有 703 家、印度有 380 家、日本有 150 家，而中国（包括港澳台地区）则只有 105 家，数量上只有美国的 1/7 左右。相比国内社会组织数量的逐年增长，涉外社会组织的增长缓慢，整体上中国社会组织的国际化水平和项目层次都相对较低。此外，中国对公益精神的弘扬相对滞后，国民的全球视野与日益强大的国力不相匹配。

第三，全球公私伙伴关系建设滞后。尽管中国社会组织参与全球治理的实践越来越多，但是整体上还处于起步阶段。相较其他大国而言，中国民间社会组织供给的国际公共产品还相对低端。未来需要进一步强化公私伙伴关系，以凝聚多方力量，加强参与全球治理的能力。对此，发达国家长期注重公民社会力量的做法是需要借鉴的，并在借鉴同时形成具有中国特色的模式。例如，为了促进对外援助效果，法国成立了国际合作高级理事会（High Council for International Cooperation，HCIC）、发展合作委员会（Development Co-operation Commission）和基层发展合作国家委员会（National Commission for Decentralized Cooperation），这些机构专门负责与非政府组织保持合作和联系。与之类似，英国国内与发展援助有关的非政府组织就达 300 多个，比较著名的有牛津饥荒救济委员会（Oxford Committee for Famine Relief，Oxfam）、救助儿童会（Save the Children）等具有重大影响力的组织。这些组织在援外活动中反应迅速高效，费用低廉，尤其是在与受援国基层组织合作实施小型项目和灾后救援方面，都发挥着不可替代的作用。为此，中国需要积极编织海外多边渠道网络，开阔视野，供给高水平、创新性的公共产品。

（二）中国公共产品供给的差异化策略

霸权国对国际事务或地区事务产生垄断或半垄断影响，只有新兴大国有潜力挑战或改变这种格局。在国际公共产品供给的早期阶段，霸权国与新兴大国都有一个相互试探的过程。新兴大国需要找准自身定位、发挥比较优势，采取“立体式差异化”的竞争模式，努力“构建自身独特的生态位”。所谓“立体式”供给策略是在纵向维度，尽量打开竞争空间，避免正面竞争，争取错位竞争；所谓“差异化”供给策略是在横向维度，尽量满足消费者的多元化需求。

一方面，新兴大国需要尽量避免供给同质化的公共产品，以比较优势赢得发展空间。面临霸权国供给优势与战略压制，新兴大国如何开拓新的发展机会，如何在适当回避正面竞争的前提下努力供给国际公共产品？本文认为，新兴大国应该扬长避短，避免进行全球治理的存量竞争，而是投入新资源扩大发展空间或降低拥挤程度，促进国际公共产品供给进入增量竞争阶段。守护好既有的国际公共产品，保持必要的战略务实，将有限资源投入优质渠道中去，强化供给国际公共产品的外交能力，而非盲目创新与扩张。在保存实力前提下，应该去争夺“生态位”优势。国际关系本身不存在最高权力与权威中心，新兴大国在与霸权国的互动过程中逐步塑造出差异化的供给模式。尤其是在全球治理领域，国际公共产品供给的生态位在竞争过程中被不断建构出来，新兴大国越早占位，就越有可能在国际竞争中找到抓手，进行长远战略谋划。对新兴大国而言，其生态位具有独特性，因为其“向上”面临霸权国的结构性压力，“向下”要争取大多数国家认可。

另一方面，新兴大国需要考虑公共产品供给的正当性基础。能否形成有利的生态位关键要素在于新兴大国自身的能力，但也取决于其供给的公共产品是否能满足潜在消费者的期待。因此，新兴大国需要努力优化国际公共产品的供给质量，精简品种，做好最具优势的品牌产品，凸显清晰的战略定位，与此同时强化国际社会对新兴大国独有特质的认可。促进共商、共建与共享，以真正的包容互惠表现出中国仁智大国的格局，最终在解决实际需求过程中积累战略声誉与国际正当性，这是和平时代新兴大国成功崛起的必要条件。对消费国而言，供给中国特色的国际公共产品最重要的不仅是展示产品本身的功能，更重要的是展示新兴大国新的发展理念以及引领人类发展新方向的能力，而且这些理念价值的最合适的呈现方式就是供给国际公共产品，这种为国际社会奉献的行动不仅可以被看见，而且能切切实实转化为影响力和软实力，给消费国留下深刻的印象。在和平竞争的年代，新兴大国积极构建“立体式、差异化”的供给模式尤为重要，这是维持与发展其大国影响力的关键途径之一。

从类型化角度来看，可将国际公共产品供给路径分为四种模式。一方面在纵向维度上，存在选择错位式竞争或替代式竞争。其一，错位式竞争。在纵向分化领域，当霸权国的压制能力较强，供给容量较小，这时新兴大国可以采取错位式竞争，例如在全球安全领域的公共产品供给上相对谨慎。其二，替代式竞争。新兴大国需要尽量避免与霸权国在垂直领域展开正面竞争，而是要进入被霸权国忽视的领域。另一方面在横向维度上，存在协调式竞争或叠加式竞争两种模式。其一，叠加式竞争。一般在供给等级分层度不高，双方供给空间容量较大（拥挤度低）的领域采取这种模式，相比替代式竞争更加温和。其二，协调式竞争。属于最和谐的竞争模式，双方在不同领域各自具有优势，而且供给的产品在功能上异质度较高、供给的容量空间较大，也最可能实现共同治理。当然，现实世界也必然存在四种理想类型的变种、组合与交织。但对竞争策略予以类型化区分，有助于深化对公共产品供给竞争的多样性理解。

三　中短期的横向竞争与中国供给策略选择

新兴大国需要找准自身定位、发挥比较优势，采取“立体式、差异化”的竞争模式，努力“构建自身独特的生态位”。其核心在于，以比较优势供给创新性的产品与服务，避免供给同质化的国际公共产品。基于前景规划，未来10年与20年中国需要在国际公共产品供给上分领域进行差异化供给。依据中国供给能力与意愿的同步提升的前景，因此可以设想一份中国供给国际公共产品的“两步走”路线图。第一步，在中短期的全球发展蓝图中，2030年中国综合国力得以显著提升，更可尝试创设新的国际规则。着力创设更为先进的治理机制，包括完善既有国际机制和规范框架。第二步，在中长期设计上，未来25年中国应着眼提升软实力，积极贡献中国式的治理智慧。展望2050年新愿景，届时中国将以无可比拟的优势进入创新无人区，开创供给“高边疆”类公共产品，拓展国际公共产品的生态位图谱。

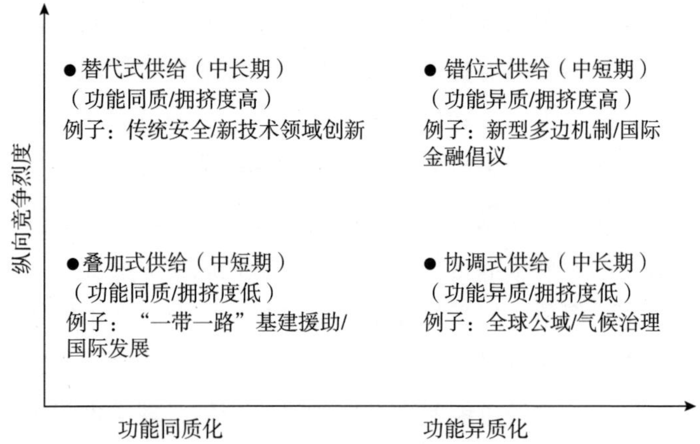

图1　中国供给国际公共产品的生态位图谱

资料来源：笔者自制。

在短期内（2030 年前），中国的重点在于落实与内化既有公共产品供给倡议与方案，扎实提升国际社会对中国的治理能力与领导力认可度，因此可以选择错位式供给与叠加式供给策略，在拥挤度较高的领域供给异质化公共产品，在拥挤度较低的领域可以供给叠加优化式的公共产品。如图 1 所示，中短期选择错位式与叠加式供给策略，中长期选择替代式与协调式供给策略，致力于在积极维护中国大国地位的同时，管控分歧，降低战略竞争的负面冲击。

（一）错位式供给：新型多边机制与国际金融倡议

错位式供给即在拥挤度高领域，分别供给了差异化的产品，形成错落有致的一种生态位竞争格局，其他消费国不会二选一，而是有可能同时消费这两种产品（零和度低）。国际公共产品供给的结构转型主要体现在国际多边机制的正当性基础发生变化。美国领导的自由主义意识形态或霸权秩序，如果不能经受住新兴大国的价值类公共产品的冲击，则容易走向衰落。[①] 为应对全球治理的霸权衰落挑战，需要加快贡献中国智慧，分享中国治理经验，为改善全球治理提供中国解决方案，为人类提供更多国际公共产品。自 2012 年以来，中国领导人就明确表示，“为人类作出更大的贡献”。由中国倡议的亚洲基础设施投资银行和“一带一路”倡议全球互联互通计划，被视为新型国际公共产品。

第一，适应全球功能分化供给新型产品。国际多边机制建设长期以来受自由主义秩序驱动，自由主义国际秩序基于美国的权力优势。美国在第二次世界大战后启动“马歇尔计划”，与

① G. John Ikenberry and Daniel H. Nexon, “Hegemony Studies 3.0: The Dynamics of Hegemonic Orders”, *Security Studies*, Vol.28, No.3, 2019, pp.395-421.

其他战胜国联合设计了“布雷顿森林体系”，创立国际货币基金组织和国际复兴开发银行（后演变成为世界银行），并催生出一批区域开发银行。再加上世界贸易组织成立，为战后世界长期供给多样的国际公共产品。[①]然而美国的角色并非一直是建设性的，美国长期存在将国际公共产品“私物化”的不良行为记录，国际社会呼吁构建新型包容普惠的国际多边机制。近年来，中国倡议创设的新型多边金融机制提出了新的愿景目标与治理模式，[②]致力于完善和改良全球治理模式；通过立足亚太经合组织、亚洲相互协作与信任措施会议、上海合作组织与金砖国家组织，创建亚投行、丝路基金与金砖国家新开发银行等新机制，对全球治理体系进行“增量改进”，供给全球新型金融公共产品。而在功能分工上，中国倡议的新型多边金融机制更专注于基础设施发展和民生改善，通过接纳本地区以外的成员及践行真正的多边主义，展示出显著的包容性。[③]

第二，发挥比较优势进行错位竞争。在冷战结束后的相当长时间内，全球发展治理的制度建设似乎陷入停滞，有关国际发展机构的改革呼声不断。以中国为代表的新兴大国在 2008 年国际金融危机后创设新型国际机制，同时注意与传统机制的兼容性与合作包容。传统国际机构有较强的惯性与滞后性，在应对新的全球治理挑战中往往捉襟见肘，灵活性与前瞻性不足。

① Shahid Javed Burki, *Rising Powers and Global Governance: Changes and Challenges for the World's Nations,* New York: Palgrave Macmillan, 2017, pp.29-31.

② Charles A. Kupchan, “The Normative Foundations of Hegemony and The Coming Challenge to Pax Americana”, *Security Studies*, Vol.23, No.2, 2014, p.253.

③ Ian Tsung-yen Chen, “China's Status Deficit and the Debut of the Asian Infrastructure Investment Bank”, *The Pacific Review*, Vol.33, No.5, 2020, pp.697-727.

亚投行是供给全球新型金融公共产品的有益尝试，致力于向亚太地区供给发展资金与经验。中国希望亚投行能够打造自身优势和特色，为现有多边开发银行体系增添新活力，展示其作为21世纪新型多边开发银行的独特性与创新性。尽管亚投行与世界银行、国际货币基金组织存在竞争，但是并非等级替代式竞争。例如，亚投行的筹建过程与世界银行并没有发生冲突，双方在人员交流、制度设计、联合融资等方面存在大量的合作。在错位竞争过程中相互学习，强化包容性基础。

第三，对接主流平台争取国际社会认可。从他者承认的角度而言，“一带一路”倡议、亚投行等新机制的良性运转离不开国际社会的承认与支持。“一带一路”倡导互联互通，中国期待更多的国家积极参与开放型经济，通过共商共建共享形成广泛的利益共同体。中国作为这一国际公共产品的生产主体，需要顾及对方的利益，理解、承认他者的诉求。只有通过“异质性承认”才能建立起“同质性共识”。金砖国家新开发银行、亚洲基础设施投资银行等新型国际金融机制想要得到国际社会的认可，就必须积极回应全球治理需求。一定程度上，供给公共产品不仅是争取国际支持的公共外交，而且从战略上证明中国崛起的和平意图与积极贡献。中国在区域和全球范围内的公共产品供给上更加积极主动，与金砖国家[①]（巴西、俄罗斯、印度、中国和南非）建立金砖国家新开发银行及金砖国家应急储备安排、亚洲基础设施投资银行、“一带一路”和丝路基金。而其他新兴经济体也以物质以及道义上的支持来回应中国的倡议。例如，2015年在上海总部举行的金砖国家新开发银行成立大会

① 2024年1月1日，沙特阿拉伯、伊朗、阿联酋、埃塞俄比亚、埃及成为金砖国家正式成员。

上，占全球地区生产总值30%以上的五个金砖国家领导人共聚一堂，承诺共同为基础设施和可持续发展项目提供资金。金砖国家新开发银行也成为国际货币基金组织的补充性机构，为金砖国家在金融危机中的流动性提供支持。

（二）叠加式供给：国际发展与基建援助规划

在全球治理的国际发展领域，新型发展合作模式是超越国界的国际公共产品，中国致力于在国际发展与基建援助方面进行叠加式供给。随着南方新兴大国作为发展援助的提供者和参与者的崛起，占主导地位的西方新自由主义面临着多方面的挑战。新兴国家的国际发展合作与南南合作议程相一致，以追求更广泛的目标，包括贸易、投资、技术和扩大在双边和多边框架中的影响力。[①] 南南发展合作建立在共同发展、相互学习和平等尊重的基础上，先发南方国家的经验对后发南方国家有很大的参考价值，处于相同阶段与国情结构下的交流学习，更容易建立真正的发展能力。因此，中国在发展领域的叠加式供给策略，为全球发展提供了一种新的选择模式，为全球南方国家发展提供了重要参考。

到2030年的不到10年里，中国公共产品供给致力于圆满完成《联合国2030年可持续发展议程》，进一步夯实区域性公共产品的基础并对国际公共产品进行规划。例如可以建设全球高铁网络、建成亚太自贸区、建成世界电子贸易与支付平台、

---

① Gilles Carbonnier and Andy Sumner, “Reframing Aid in a World Where the Poor Live in Emerging Economies”, in Gilles Carbonnier ed., *International Development Policy Aid, Emerging Economies and Global Policies*, New York: Palgrave Macmillan, 2012, pp.11-12.

建立全球大数据研发中心等，发挥中国基础设施建设的传统项目优势与新兴技术领域优势。同时注重搭建南南经验交流机制平台，中国的国际发展合作更注重知识积累与经验传递，以自主发展为最终目标。作为全球最大的发展中国家，中国将发展作为南南合作的桥梁，扩大和深化与全球南方的知识转让。

其一，搭建全球层次的互联互通网络，适时升级“一带一路”。2030 年前中国可以推动互联互通取得全局性进展，届时“一带一路”将建成扩展全球的多维互联的网络体系，通过互联网、物联网的软联通和高铁网、公路网、航空网、管道网、港口网等实体网络的硬联通，推动亚洲乃至全球走向更紧密的共同体。目前，中国的高铁已经在泰国、巴西、墨西哥、俄罗斯等全世界各个国家和地区开展并实现了网络对接合作。[①]2017 年 6 月，具有完全自主知识产权的中国标准动车组“复兴号”正式通车，这是目前全球运行能耗最低的高速列车。[②]当前高铁的 1.0 版本时速为 350—500 公里；而到 2030 年的时候，在技术进步基础上将升级到 2.0 版本，每小时可以达到 3500—5000 公里，从北京到上海只需要 20 分钟，从北京到纽约也可能只需要四五个小时。[③]随着“泛亚铁路（Trans-Asian Railway，TAR）”计划推进，2030 年中国将主导构建全球高铁网络，为网络化新型全球关系打下“骨骼框架”。

其二，建立全球大数据分享中心，构建信息智能共同体。

---

① 关于“高铁外交”的前景参见徐飞：《纵横“一带一路”：中国高铁全球战略》，上海人民出版社 2017 年版。

②《“复兴号”具有完全自主知识产权》，中国经济网，2017 年 6 月 26 日，http://www.ce.cn/xwzx/gnsz/gdxw/201706/26/t20170626_23856707.shtml。

③《中国高铁刚走出国门，中国飞车又要来了》，昆仑策，2017 年 9 月 2 日，http://www.kunlunce.com/ssjj/guojipinglun/2017-09-02/118801.html。

大数据具有开放的基因，它应该是人人共享的新型公共产品。[①]2015年国务院印发的《促进大数据发展行动纲要》中明确提出在2018年年底前建成国家统一的数据开放平台，逐步实现交通、医疗、卫生、环境、气象、企业登记监管等领域数据向社会开放的目标。按照这种开放进度，2030年可以建成亚洲或全球大数据分享中心，到时中国就成为世界的知识中枢之一，源源不断地向全球供给数据信息。电商迅猛发展也带动了移动支付技术实现重大突破，2030年中国将具备驾驭大数据的超强能力，具备供给新型国际公共产品的实力。

其三，促进贸易与投资合作，建立亚太贸易与物流网络。届时可以在统一的自贸试验区规则标准下，通过循序渐进的方式，将碎片化的区域自贸区网络整合起来，将薄弱的区域纳入网络中。例如，在上合组织框架内，目前已经形成的有中哈霍尔果斯国际边境合作中心、中俄哈蒙环阿尔泰山次区域跨国合作示范区和中吉乌三国次区域经济合作区等数个次区域经济合作组织。中国可以依托这些次区域经济合作区，选择重点合作领域，分阶段、分地区进行；以点带面，形成具有实质性合作内容的产业、区域，为上合组织自由贸易区的建立创造有利条件。[②]2030年前，中国可利用多边会议场合，积极为亚太经济一体化谋划新愿景，共同打造开放、包容、均衡、普惠的区域经济合作架构。亚太自贸区一旦建成，将成为世界最大规模的自贸区，中国将发挥引领性作用。

---

① 高奇琦、陈建林：《大数据公共治理：思维、构成与操作化》，《人文杂志》2016年第6期。

② 张恒龙：《上合组织自贸区是落实丝绸之路经济带与欧亚经济联盟对接的当务之急》，载张宁、李永全主编：《丝绸之路经济带和欧亚经济联盟对接研究》，社会科学文献出版社2017年版，第192—198页。

在基建援助领域，中国供给的公共产品在横向维度上面临功能同质竞争压力。区域基础设施互联互通能够帮助弱小的经济体更有效地参与一体化，补足网络中的薄弱一环。中国对“一带一路”倡议的支持和基础设施建设的推进，将为全球南方的普惠发展供给解决方案与国际公共产品。但也要认识到，海外基建项目充满不确定性、特殊性与敏感性，新型公共产品与传统公共产品供给竞争最终可能扭曲或扩大地缘政治影响力。[①]一方面，立足“新南南合作模式”，通过基建援助促进南方国家共同发展。以脱贫攻坚引领世界脱贫进程，中国改革开放四十余年的经验积累是全球发展的宝贵知识，引发了后殖民国家和发展中国家的广泛共鸣。在改革开放前期阶段，经济特区的主要任务是经济发展，成为吸引外国投资和技术转移的“桥头堡”；而在全面建成小康社会的目标实现后，经济特区的主要任务则是改革试验，更多肩负国内治理与全球治理的地方探索使命，探索未来人类发展的新模式。

另一方面，基础设施建设也面临横向功能同质性竞争。“一带一路”倡议通过建立政策沟通、设施联通、贸易畅通、资金融通、民心相通的“五通”格局，不仅向共建“一带一路”合作国家的基础设施和区域融资方面提供大量的国际公共产品，还对现有全球经济治理规则进行补充、升级与完善。[②]面对国际发展的不同模式竞争，中国强调共同推动全球发展迈向平衡协调包容新阶段。“全球发展倡议”为各国制定可持续发展政策

① 毛维准：《大国海外基建与地区秩序变动——以中国—东南亚基建合作为案例》，《世界经济与政治》2020 年第 12 期。

②《2016 年中国与“一带一路”沿线国家进出口总额达到 6.3 万亿元人民币》，中华人民共和国中央人民政府，2017 年 2 月 21 日，http://www.gov.cn/shuju/2017-02/21/content_5169878.htm。

提供了思路和启示，是中国供给的又一面向全世界的重大国际公共产品，致力于探索全球普惠发展新路径。

四 中长期纵向竞争与中国供给策略选择

展望未来，中国供给国际公共产品的意愿也将发生重大变化。从中长期角度来看（2050 年前），秉持替代式供给与协调式供给两大策略，降低纵向等级分化竞争，努力降低治理成本，推进全球治理体系的渐进扩容、升级与优化，避免或延迟与霸权国的正面冲突。实践证明，如果能在具有比较优势的领域提出新的包容性标准、推进集体利益的改进，那么中国就可以走出一条和平崛起阶段的国际改革之路。中国参与全球治理改革不是推倒重来，而是创新完善，推动国际秩序朝着更加公正合理的方向发展。① 协调式供给与替代式供给策略需要做出创新突破，将竞争与合作统一起来。2050 年中国将按计划完成“两个一百年”奋斗目标，在全球层面上的影响力与实力首屈一指，这时矗立新高峰的中国更要立足高远，在“高边疆”领域敢为人先。

（一）协调式供给：全球公域与气候治理实践

协调式供给，即霸权国和新兴大国双方在不同领域各自具有优势，而且供给的产品在功能上异质度较高、供给的容量空间较大，那么这是最可能实现共同治理或双方联合供给公共产品的领域，也是国际社会对霸权国和新兴大国报以较高期待的

① 习近平：《携手合作，共同发展》，载《习近平谈治国理政》（第一卷），外文出版社 2014 年版，第 324 页。

领域。例如全球公域俗称“高边疆”（High Frontier），是“不属于任何一个特定国家管辖、所有国家都可以使用的资源领域”。[①]根据现行国际法，人类主要存在四个全球公域：公海、大气层、外太空与南极洲。[②]随着中国成为世界第二大经济体，对全球公域影响力增强，需要有建设性引领方案填补在海洋、大气层、外太空与网络领域存在的治理空白。[③]目前在海洋和外太空领域，还存在着大量国际法暂未涉及的“灰色地带”。着眼未来，做高边疆治理的探索者需要合理利用不断增长的综合实力，为全球公域治理作出中国贡献。

首先，维护人类共同遗产与国际共识。全球公域作为非排他性的消费场域，脆弱性日益凸显。[④]在全球高边疆领域，协调式治理需要在全球公利与主权私利之间保持平衡。因此，对于这些全球公域的治理，需要创设能使“所有人”都遵守的共同规则和规范。相关规范需要平衡不同行为主体的利益和立场，应该在开发和保护之间取得平衡，以维护公域中潜在全球资源的可持续性利用。例如，太空的资源和开发领域似乎是无限的，技术进步不仅会提高开发效率，也会加剧竞争。尽管《联合国海洋法公约》和《外层空间条约》等国际法律框架已被广泛采用，但对其解释仍然存在分歧。在与外空治理有关的合作框架

---

① “高边疆”一词最初源自 1980 年美国总统里根的国家安全顾问丹尼尔·格雷厄姆。在罗纳德·里根总统支持下，格雷厄姆组建了“高边疆”研究小组，这个小组包括 30 多位著名的科学家、经济学家、空间技术专家和战略家。

② 也可以用“网络空间”取代南极洲作为第四个全球公域。

③ Veerle Nouwens, *A Transatlantic Approach to China in the Global Commons: Convergence and Divergence in Seas and Outer Space*, Royal United Service Institute for Defence and Security Studies, March 2022, Whitehall Report, pp.3-22.

④ 参见 Susan J. Buck, *The Global Commons: An Introduction*, Washington, D.C.: Island Press, 1998。

内，中美不是绝对的竞争者，而是互补的合作者。中美的太空治理互动集中在外太空规则制定上，双方都曾试图提出自己的国际治理框架，有的独立于联合国机构，有的也通过联合国机构提出，取得了不同成果。

其次，创新全球价值规范，推动构建“人类命运共同体”。2050 年的国际社会物质异常发达、网络与虚拟空间交错纵横，人类文明极大提升，人类相互依赖的程度前所未有，主权观念与民族意识持续淡化，人类面临地球外的威胁越来越多。届时，全人类社会的进步将有望超越“文明冲突”，建成命运共同体。在异常发达又有风险的 2050 年社会里，已经积累丰富的全球治理经验的中国将可以引领世界主流价值观走向。生产力的极大进步，也会触发人类面临新的价值整合难题，全球人类命运共同体意识与合作共赢认同感面临转型。[①] 在新型全球关系互动模式中，中华文明的开放与深邃将有助于倡导包容、融合、聚合的价值观，“东方智慧”会更进一步吸引世界。

再次，关注智能科技伦理，倡议伦理新规范。除云计算、大数据之外，人工智能与智能商品也将成为未来 30 年发展的大趋势。人工智能赋予了机器一定的视听感知和思考能力，不仅会促进生产力的发展，同时也会产生一些伦理性问题。未来智能联网将颠覆人们的生活与思维方式，但是人工智能的快速发展也引发国际社会对机器人伦理的担忧，计算机或机器人将拥有和人类大脑一样的储存容量和处理速度，甚至能完全代替人类思考。在 2050 年前，中国可发挥自己的领先地位，主导成立人工智能伦理委员会，创设新的国际规范，促进人类命运共

① Qin Yaqing, “Rule, Rules, and Relations: Towards a Synthetic Approach to Governance”, *Chinese Journal of International Politics*, Vol.4, No. 2, 2011, pp.117-145.

同体建设。中国在人工智能领域的发展速度非常抢眼[①]，预计到2030年中国人工智能理论、技术与应用总体将达到世界领先水平[②]，成为世界创新中心，也因此需要承担更多责任。

此外，气候治理与传染病防控需要全球集体行动，通过积累加总实现全球治理收益。中国已经成为气候变化领域“负责任的利益攸关方”，在应对全球挑战中注重公平道义，建立领导力正当性；更引人瞩目的是，中国郑重承诺2030年前实现碳达峰、2060年前实现碳中和，有力地展示了在气候公共产品供给上的国际领导力。在全球气候治理方面贡献中国方案。温室气体减排尽管是一个重大的国际公共产品，但是每个国家对其需求度与敏感性是不同的。不少国家质疑所谓的“气候变化”是国际舆论的骗局，目的在于减慢新兴国家崛起的速度，也有面临气候变化最迫切威胁的小岛屿国家呼吁全人类正视不可逆的气候灾难。中国注重关注气候治理的公正性，强化气候公共产品的正当性基础。部分公共产品的消费虽然不会影响其他国家，但是消费本身是有门槛的，有些欠发达国家缺乏必要的行动能力与资源，可能难以有获得国际公共产品的机会。如果没有可及性或进入消费的能力，再优质的公共产品都是无意义的。如何进行赋能，对弱国小国进行援助、培训和技术合作，提升它们参与国际集体行动的能力，也是保障供给协调效果，承担大国全球责任的重要内容。在公平、共同但有区别的责任原则下，中国大力提高国家自主贡献力度；中国同小岛屿、内陆、最不

① 乌镇智库：《乌镇指数：全球人工智能发展报告（2017）：框架篇》，2017年10月，第7页，http://h5.iwuzhen.org/pdf/AI-Overview.pdf。

②《国务院关于印发新一代人工智能发展规划的通知》，中华人民共和国中央人民政府，2017年7月8日，http://www.gov.cn/zhengce/content/2017-07/20/content_5211996.htm。

发达国家发展进程协同增效，发挥各自优势；对接各界伙伴，发挥私营部门、非政府组织、专家智库、媒体等各界的正面功能，是对全球发展合作的“再动员”。[①]

（二）替代式供给：传统安全与新技术领域创新

在新兴的全球治理领域，国际生态位是在动态竞争过程中被建构出来的，新兴大国越早占位，就越有可能在国际竞争中找到抓手，进行长远战略谋划。替代式供给策略意味着，国际公共产品供给竞争高零和度且拥挤度高，竞争大国很容易发生激烈的正面冲突，因此是最激烈的竞争类型。在权力转移实现之前，新兴大国的明智策略是采取一种“不对抗、不冲突、相互尊重、合作共赢”[②]的战略竞争方式。因此坚持和平发展的中国也注重管控中美竞争风险，避免不可逆的战略冲突，实际上采取的是“局部替代式供给”策略。例如在传统安全类公共产品上，中国供给新的区域与全球安全合作机制，需要谨慎处理与美国的关系。党的十八大以来中国安全治理呈现一定的进取态势，积极扩展和深化上海合作组织的区域安全保障功能；强化亚丁湾护航行动、积极与东盟建立安全互信机制，在防止核扩散中努力提供多边、和平的解决方案；更为重要的是提出“全球安全倡议”供给重要的国际安全公共产品。然而整体而言，中国安全类公共产品的供给相对薄弱，这与安全议题的敏感性和中国的发展战略有关。且对于安全类公共产品的供给方式与

① 王毅：《全球发展倡议最核心理念是以人民为中心》，澎湃新闻，2022 年 3 月 7 日，https://www.thepaper.cn/news Detail_forward_16994983。

② 2014 年 7 月 9 日，习近平主席在第六轮中美战略与经济对话和第五轮中美人文交流高层磋商联合开幕式上提出“努力构建中美新型大国关系”，参见习近平：《努力构建中美新型大国关系》，《人民日报》2014 年 7 月 10 日第 2 版。

顺序尚存在诸多争议。

一方面，维护以联合国为中心的全球安全体系建设。安全联盟或安全类公共产品具有很强的排他性，竞争的零和度与私有性均较高。[①] 冷战后全球安全结构呈现多层次、碎片化和网络化特征，中国作为联合国安理会五大常任理事国之一，主张与其他主要国家一起推进全球安全机制的完善与改革。维护以联合国为核心的国际体系，就是要尊重以联合国宪章宗旨和原则为基础的国际关系基本准则，维护和践行真正的多边主义，坚决反对单边主义、保护主义、霸权主义、强权政治。[②] 中国对全球安全治理的支持集中于联合国多边机制，而非美国主导的联盟体系。2022 年中国首次提出“全球安全倡议”，为解决全球和平赤字、发展赤字、治理赤字与信任赤字提供新思路。全球安全倡议追求的是共同安全，更加突出联合国在多边安全治理中的核心作用。近年来，中国加强对联合国安全系统的资金投入和人员派遣，支持国际安全公共产品生产。例如，中国积极参与联合国维和，对国际维和行动的财政支持份额从 2016 年的 6.6% 增至 2019 年的 15.21%；派出近 4 万名维和人员参加 30 多个联合国特派团；创设为期 10 年、总额 10 亿美元的中国—联合国和平与发展基金，支持联合国的多边安全与和平事业。[③] 中国长期奉行不结盟政策，秉持共同、综合、合作、可持续的安全观，强调维护以联合国为核心的多边安全平台。

---

① Daniel W. Drezner, “Counter-Hegemonic Strategies in the Global Economy”, *Security Studies*, Vol.28, No.3, 2019, pp.505-531.

②《中共中央关于党的百年奋斗重大成就和历史经验的决议》，新华社，2021 年 11 月 16 日，http://www.gov.cn/zhengce/2021-11/16/content_5651269.htm。

③《〈中国军队参加联合国维和行动 30 年〉（白皮书）》，中华人民共和国国务院新闻办公室，2020 年 9 月，www.scio.gov.cn/ztk/dtzt/42313143715/index.htm。

另一方面，完善区域和跨区域安全机制平台建设。冷战后全球安全呈现多层次、碎片化和网络化特征，需要在功能分化基础上促进全球依赖与合作。在战略竞争大背景下，中国致力于打造互利共赢的“人类命运共同体”。为孵化共享的安全共同体，构建亚洲与全球战略信任，中国通过上海合作组织升级扩容，促进综合安全观落地扎根。同时完善亚太经济合作组织、亚信会议、金砖国家组织，提出应对全球治理的发展与安全关联方案。例如在金砖机制框架、APEC 北京峰会、G20 杭州峰会、上海合作组织峰会、中国与中东欧国家峰会、联合国安理会等平台，展示中国的全球安全治理方案，传递合作多赢的理念。2017 年，上海合作组织接纳印度和巴基斯坦为新成员，此后印度与中国和俄罗斯一道，立足上合组织平台呼吁建立新的安全与发展体系，反对霸权主义。

中国供给的安全类公共产品，并非完全排斥美国的体系，而是注重淡化安全竞争的范围。进入全球数字化时代，数据安全、新技术安全与产业链安全都会成为中美抢占技术制高点的安全竞争。例如，美国针对中国芯片技术、5G 技术、人工智能与信息技术等领域采取了明显的压制与“脱钩”政策，中美数字竞争或将改写全球经济规则，因此是竞争程度较高的替代性竞争。在历史上，科技实力一直是大国竞争的关键，尤其是新兴技术的迅速发展正在催化一场新的产业革命。随着技术创新能力的显著提升，中国有可能贡献全球性重大技术标准。[①] 数字国际公共产品的供给，秉承数字经济治理的公平互惠原则，一

① Alex He, “The Digital Silk Road and China’s Influence on Standard Setting”, The Centre for International Governance Innovation (CIGI) Papers No. 264, April 2022, https://www.cigionline.org/static/documents/no.264_JN9TbQC.pdf.

方面要弥合数字鸿沟，增加对落后地区的数字基础设施建设援助；另一方面要推动建设更加包容开放的全球性数字经济规则，尽量减少部分发达国家的高标准对发展中国家构成“发展壁垒”，促进数字技术向善发展。[①]

从供给竞争角度看，数字技术领域的安全竞争已经开始引发美国的战略警惕，开始导向纵向等级地位竞争。其一，数字技术优势助力全球数字规则的标准探索。当前中国已经成为推动数字全球标准化的主力军。2022 年的中国政府工作报告明确提出大力促进数字经济发展，包括建设数字信息基础设施，逐步构建全国一体化大数据中心体系，推进 5G 规模化应用，培育壮大集成电路、人工智能等数字产业，提升关键软硬件技术创新和供给能力。此外，“数字丝绸之路”是中国建设连接世界的复杂基础设施网络的全球投资计划，已经扩展到第五代移动网络（5G）、物联网（IoT）、人工智能（AI）、大数据、智慧城市、数据中心和数字经济时代的云计算等前沿领域。标准连接是数字丝绸之路的一个重要组成部分，《标准联通“一带一路”行动计划（2015—2017）》指出，标准化对“一带一路”建设具有基础和支撑作用；并且概述了推动中国标准“走出去”、促进投资和贸易、支持基础设施联通的 10 个优先领域。[②] 伴随着数字经济全球化，中国供给新型公共产品的潜力将被逐步开发。要顺应第四次工业革命发展趋势，共同把握数字化、网络化、智能化发展机遇，共同探索新技术、新业态、新模式，探

① 陈伟光、钟列炀：《全球数字经济治理：要素构成、机制分析与难点突破》，《国际经济评论》2022 年第 2 期。

②《我国发布〈标准联通“一带一路”行动计划（2015-2017）〉》，中华人民共和国中央人民政府，2015 年 10 月 22 日，https://www.gov.cn/xinwen/2015-10122/content_2952067.htm。

寻新的增长动能和发展路径，建设数字丝绸之路、创新丝绸之路。[①]

其二，地缘政治和经济安全问题不可避免地在全球标准化竞争中发挥作用。技术不是价值中立的，而是始终渗透着政治思想、价值和规范。因此大国为了抢占前沿技术战略高地，会相互排挤对方供给的公共产品。在当前数字竞争叙事偏见下，不少西方舆论将 5G 技术政治化，污名化中国技术的安全风险，中国供给的数字国际公共产品面临消费压力。由于放弃中国 5G 网络，美国及其跟随者需要投入更多研发和时间来寻找替代品，这种集团化与对立化思维，不仅会阻碍其自身技术进步，而且影响全球数字治理的推进也会伤害大多数国家的利益。由此，调和大国关系、淡化意识形态竞争，是化解消费公共性的重要难题。[②] 在数字平台商业化技术方面，中国成为全球主要参与者和引领者。当然，随着新的数字技术经济模式形成，数据的重要性和敏感性会更加突出。[③]

五　结语

在全球治理格局转换的历史阶段，服务全球公益是潜在领导国主动展示良性意图、获得国际支持、赢取战略机会、增强全球影响力的根本性手段。在百年未有之大变局的背景下，全球治理的中国时刻正在到来。当前全球治理面临困境，霸权国

① 习近平：《齐心开创共建“一带一路”美好未来——在第二届“一带一路”国际合作高峰论坛开幕式上的主旨演讲》，人民出版社 2019 年版，第 1—2 页。

② Michael V. Ceci and Lawrence Rubin, “China’s 5G Networks: A Tool for Advancing Digital Authoritarianism Abroad?”, *Orbis*, Vol.66, No.2, 2022, pp.270-277.

③《中国数字经济发展白皮书（2020）》，中国信息通信研究院，2020 年 7 月。

领导力量弱化，中国应当把握机遇积极成为国际秩序的补位者，而不是缺位者；通过主动奉献，回应国际社会对中国角色的重大期待。供给新型国际公共产品既是新时代中国特色大国外交理念的集中体现，也是构建中国方案、中国倡议与中国主张的实践需要。新时代中国通过秉持增量改进原则，以亚投行为依托对全球治理体系进行升级扩容、以新兴数字公共产品与全球公域治理为抓手进行创新替代、以全球发展倡议与全球安全倡议为载体深化叠加嵌入，并在全球气候治理与新冠疫情防护方面促进合作共建。

当然也需要认识到，中国供给新型国际公共产品也面临诸多挑战与竞争压力。面向未来需要根据全球需求与供给难度，设计最能发挥中国比较优势的国际公共产品供给蓝图。2030 年将进行中短期投入规划，积极对接《联合国 2030 年可持续发展议程》，夯实国际发展基础；2050 年致力于中长期远景设计，主动应对关乎全人类命运的重大公共难题，引领价值观与文明发展新方向。蓝图设想并非面面俱到，但主动设计可释放外交能动性，下好外交“先手棋”，为建构中国特色的公共产品供给路径奠定基础。

印度军政关系中的弱文官控制情形

——以曼莫汉·辛格政府和拉吉夫·甘地政府为例①

魏　涵

【摘要】独立以来印度的军政关系以强文官控制著称，这种以防止军事政变为目的的文官控制格局仍旧出现了官僚互动层面的弱文官控制情形，规范内化程度的波动可以解释弱文官控制现象。印度文官政府通过平衡军队力量、限制军队官僚影响力等方式以实力优势和官僚优势实现了对军队的文官控制，但文官领导集权能力、社会文化氛围及外部威胁评估所塑造的规范内化程度却使历届文官政府官僚互动层面的文官控制水平不一。拉吉夫·甘地政府和曼莫汉·辛格政府期间，由于文官领导人集权能力不强，前任政府所实现的对外战争的胜利抬高了军队的社会声誉和官僚地位，纵使外部威胁评估有异，这两届政府均出现了弱文官控制情形。

【关键词】军政关系；文官控制；曼莫汉·辛格；拉吉夫·甘地

【作者简介】魏涵，南京大学国际关系学院助理研究员。

---

① 本文系 2022 年国家社科基金优秀博士论文项目“印度的军政关系与对外战争行为”（项目编号：22FYB027）、2022 年江苏省“双创博士”资助项目（项目编号：JSS-CBS20220054）、2022 年南京大学亚洲研究项目的阶段性研究成果。

从实践和研究来看，军政关系在纵向的历史和横向的案例上都呈现了丰富的差异和研究趣味，使这一议题研究可以经久不衰，不断有新的理论和研究案例丰富这一类的研究。横向来看，军政关系在不同区域呈现不同的特点。例如，美国文官控制过多，军队更像是穿着军装的文官部门；以色列的文官和武官系统都很强大，武官系统被总理、内阁、议会、最高法院等限制；中国实行的是“三位一体”的系统；孟加拉国和巴基斯坦军队政治化明显。纵向来看，有关军政关系的研究迭代能力较强。1957 年塞缪尔·亨廷顿出版著作《军人与国家》奠定了军政关系研究的理论基础，大多数西方政治学理论家所提出的军政关系理论都比较关注军队对于民主价值观的作用，现代的一些理论家们已经基本放弃了亨廷顿军政关系的“二分法”框架，即把军政关系简单分为“主观文官控制”和“客观文官控制”，把兴趣转向文官统治的性质和维护措施上。文官控制是军政关系概念的重要构成，是决定军政关系的关键内涵，这一实践要素在不同历史背景和政治叙事下都有不同的表达。当前军政关系研究，一部分关注和政变的联系，一部分关注微观层面的要素互动。与区域国别研究相关的军政关系研究，具体落脚点包括发展中国家的军人政权和军事政变、第三波民主国家的军政关系、社会主义国家的军政关系、西方国家的军政关系。

学界对印度的军政关系有一个普遍共识，即与巴基斯坦及其他曾发生政变的发展中国家相比，印度能够实现较强的文官控制。例如，美国学者史蒂芬·库恩（Stephen P. Cohen）表示，在中等发展水平以上的大国里，没有任何一个国家跟印度一样，军方几乎不参与政治和战略决策。[①]布伦特·斯科特·威廉姆斯（Brent Scott Williams）也认为由于印度军队领导的多元化及组织破碎化，印度军队能实现较好的文官统治。[②]阿什利·泰利斯（Ashley J. Tellis）和阿叶沙·拉伊（Ayesha Ray）也认为，印度的文官系统可以完全控制军队，并以印度军政双方在有关发展核武器的决策为案例证实了他们的观点。[③]有关印度军政关系的很多研究都采用了亨廷顿的理论模型，并认为印度实现了“客观文官控制”。[④]有关印度的军政关系，学界目前已有不少的研究，通常把印度和巴基斯坦打包研究，并认为印度能实

---

① Stephen P. Cohen, *India: Emerging Power*, Washington, D.C：Brookings Institution Press, 2002, p.76.

② Brent Scott Williams, *Group Identity and Civil-Military Relations in India and Pakistan*, Kansas State University, 2019.

③ Ashley J. Tellis, *India's Emerging Nuclear Posture: Between Recessed Deterrent and Ready Arsenal*, Santa Monica, CA: RAND Corporation, 2001; Ayesha Ray, *The Soldier and the State in India: Nuclear Weapons, Counterinsurgency, and the Transformation of Indian Civil-Military Relations,* New Delhi: SAGE Publications Pvt. Ltd, 2013.

④ 例如，Ranendra Singh Sawan, “Civil-Military Relations in India – Introspection and Reform”, *United Services Institution Journal*, 2020, January - March 2020; Dhiraj Kukreja, “Higher Defence Management through Effective Civil-Military Relations”, *Indian Defence Review*, Vol.27, No.4, 2012; Raj Shukla, *Civil Military Relations in India*, New Delhi: Centre for Land Warfare Studies, 2012, p.42。

现更好的文官控制。①

既有文献多以是否发生政变来评判印巴军政关系的好坏或者分析印度强文官控制因素，缺乏从印巴个体历史角度来把握军政关系变化过程，而针对巴基斯坦军政关系历史演进及文官控制强弱变化的研究更是缺乏。尽管印度在独立后所确立的强文官控制以军队无法发动军事政变为重要指征，但从历史发展的具体过程来看，印度文官政府和军队还是会出现官僚不合层面的“弱文官控制”现象，即军官对文官的指令出现不同程度的反抗行为，这种现象随着媒体发展越来越多地被曝光。本文将基于解密档案、媒体报道和相关学术成果，梳理印度独立以来文官控制的基本局面，讨论军政不合现象的致因，并以拉吉夫·甘地政府和曼莫汉·辛格政府的军政关系为例，具体管窥弱文官控制下军政互动的细节。

① 有关为何印度能实现较强的文官控制，学界有不少解释。例如，美国学者史蒂夫·威尔金森（Steven I. Wilkinson）认为，战略和财政基础、党派制度化、社会整合能力和防政变措施是影响国家内部军政关系的重要因素；布伦特·斯科特·威廉姆斯（Brent Scott Williams）也认为由于印度军队领导的多元化及组织破碎化，印度军队能实现较好的文官统治；阿基尔·沙阿（Aqil Shah）以巴基斯坦为参照，也认为印度能保持比较好的文官控制，军事制度规范是最核心的变量因素；维娜·库克利贾（Veena Kukreja）认为文官组织、军队制度化、国内社会经济环境以及国际环境（包括经济相互依赖、联盟关系和政变风气）是影响南亚国家军政关系的四大因素；等等。参见 Steven I. Wilkinson, *Army and Nation: The Military and Indian Democracy since Independence*, Cambridge: Harvard University Press, 2015；Brent Scott Williams, *Group Identity and Civil-Military Relations in India and Pakistan*, Kansas State University, 2019；Aqil Shah, *Controlling Coercion: The Military and Politics in Pakistan and India*, New York: Columbia University, 2010；Veena Kukreja,*Civil-Military Relations in South Asia*: *Pakistan, Bangladesh and India*, New Dehli: SAGE, 1991。其他相关文献，可参见 Kotera Bhimaya, *Civil-Military Relations*: *A Comparative Study of India and Pakistan*, Santa Monica：Rand Graduate School, 1997；Maya Tudor, *The Promise of Power*: *The Origins of Democracy in India and Autocracy in Pakistan*, Cambridge：Cambridge University Press, 2017。

一 印度文官控制的基本特征

国家的军队和政府之间的互动形态，即军政关系，是影响政权巩固、政府能力和社会稳定的重要因素。印度的军政关系，以强文官控制为基本特征：文官政府通过平衡军队力量、限制军队官僚影响力等方式，实现了对军队高度的文官控制。高强度的文官控制使印度政府在独立后免于军事政变的威胁，这与同期从英属印度独立的巴基斯坦的国家命运形成鲜明对比。

（一）实力优势

印度独立初期，军队对于新政府来说具有潜在的威胁：由于长期的殖民统治和英印政府对军队将领的优待，拥有优势武装力量的军队在独立初期对英国人更加忠心；此外，英殖民政府的“分离统管”政策对军队的凝聚力亦有消极影响。① 为了破除印军中的分离倾向、减少军队对脆弱新生政权的威胁，尼赫鲁政府在印度独立初期确立了一套平衡军队力量的管理策略，包括平衡军队族群结构、谨慎处理教派问题以及强化准军事组织的对冲力量等。之后的执政政府也大多延续了尼赫鲁时期的政策，使印度文官政府得以长期维持对军队的实力优势。

---

① 1857 年，印度境内发生了声势浩大的反殖民运动，随后英印政府为军队治理设立了一套分离策略。英国殖民者主要采取了以下措施：第一，根据对英印政府的忠诚度，按区域倾斜性征兵；第二，在连以上部队混杂不同民族，以减少军队内部的族群凝聚力；第三，通过英国人部队和廓尔喀人部队对冲印度人部队。参见 Chandar S. Sundaram, *Indianization, the Officer Corps, and the Indian Army: The Forgotten Debate, 1817–1917*, Rowman & Littlefield, 2019, p.25; Steven I. Wilkinson, *Army and Nation: The Military and Indian Democracy since Independence*, p.58; Daniel Marston, *The Indian Army and the End of the Raj*, Cambridge University Press, 2014, p.89.

第一，兵源构成中，“大开门”政策使特定族群优势被削弱。印度政府在士兵征募和军队管理方面很大程度上还是延续了英殖民时期的制度设计，主要目的是避免军队内部发生民族起义，防范军队实力过于强大而威胁到新生政权。英殖民政府的长期统治使旁遮普邦的锡克人、拉杰普特人、贾特人等族群成为印度的“军事阶层”，在印度军队内有显著的人数优势。这种单一的族群构成容易在军队内部形成基于族群身份认同的凝聚力，对多民族构成的印度来说，不利于社会稳定，也不利于文官政府的统治。因此，从尼赫鲁政府开始，印度大力推行“大开门”式的征兵政策，即士兵征募向所有宗教和民族群体开放，打破既往对“军事阶层”和“非军事阶层”的界定。“大开门”政策吸纳了此前被广泛排除在外的“非军事阶层”，如奥里亚人、古吉拉特人和孟加拉人，还增加了表列种姓及其他低种姓的参军人数。保证军官和士兵的族群多样性被认为是印度成功将军队排除在政治之外的主要原因：军队内部难以以族群为身份标签组成小团体，“只有当大量军官和士兵来自有限地区、民族构成简单时，在接受整齐单一的训练产生了凝聚力和同理心之后，才会容易发展出政治野心”。①

第二，军队中难以形成基于身份认同的小团体。避免军队内部形成基于身份认同的小团体也是文官政府实施文官控制的重要措施，印度文官政府主要处理了基于校友认同和族群认同这两种可能的现象。

其一，文官政府通过增加军事培训机构、弱化军官之间的校友认同来降低军官集团化的可能性。独立初期，印度军官

① Krishnaswamy Subrahmanyam, “Armed Forces 1947–1997: Apolitical Instrument of Security”, *Times of India*, 1997.

几乎集中在英国桑德赫斯特的皇家军事学院（Royal Military Academy Sandhurst）、印度德赫拉顿（Dehradun）的印度军事学院以及巴基斯坦卡库尔（Kakul）军事学院受训，培训机构的集中化容易增加受训军官们组建小集团的风险。尽管受到很多高级军官的反对，尼赫鲁政府还是于1954年在马哈拉施特拉邦的浦那（Pune）建立新的国防学院，以弱化军官的校友认同意识。正如印度前国防秘书苏切·辛格·凯拉（Sucha Singh Khera）所指出的，“来自全国各地的军官们之间的异质性体现在由下至上的方方面面，如果他们参与政变的话是很难团结很久的”。①

其二，文官政府还谨慎应对穆斯林和锡克教士兵的角色。印巴分治初期，有部分穆斯林军官和士兵选择留在了印度，尼赫鲁为了增强穆斯林军人对印度的国家归属感和忠诚度，重用了一批穆斯林军官。然而，部分穆斯林军官在之后叛逃至巴基斯坦或被指控间谍罪，印巴战争使印巴关系持续走低，印度国内社会的印穆教派冲突不断加深，导致穆斯林在印度社会越来越受排挤。教派矛盾反映到了军队中，穆斯林士兵在印度军队中的占比也不断走低。此外，旁遮普人或锡克人军官在军队内很难得到特别大的提升，至多升至中将或成为某一战区的指挥官。锡克教人一直被划分为传统军事阶层，其作战能力一直广受认可，但20世纪60年代出现的锡克教极端暴力行动却动摇了锡克教军人这一良好形象。旁遮普地区在1966年以后多次陷入锡克教极端分子的武装暴力危机，旁遮普邦阿姆利则市在1984年发生“金庙事件”，英迪拉总理被自己的锡克教警卫刺杀，这些事件都在印度社会掀起了一阵反锡克教浪潮。锡克教

① Sucha Singh Khera, *India's Defence Problem*, Orient Longmans, 1968, p.85.

极端分子的叛乱动摇了印度政府对锡克士兵的信任感，也更加动摇了之前军队的单一族群结构。军队高层有个“不要旁遮普人”（No Punjabis）的不成文规定，尽量避免由来自旁遮普地区的锡克教军官担任高级将领。因此，在1947—1970年，印度几乎没有任何旁遮普人担任军种参谋长。[①]

第三，文官政府强化了准军事组织对军队的对冲力量。印度设立准军事部队的目的主要有三类：一是补充边警力量，二是协助军队处理国内安全事务，三是对冲军队实力以预防政变。在预防政变方面，印度文官政府将主要的准军事部队驻扎在德里和其他重要城市附近，用来保护重要的政治领导人，并在发生政变的时候将他们护送到安全的地方去。马克斯韦尔对此描述道，“中央预备役警察的特遣部队部署在首都附近，保证在军队抓到尼赫鲁之前将其护送到安全的地方，让他在老城区找到可靠的藏身之所”。[②]准军事组织的存在增加了军队发生政变的难度，对冲了军队对政权的威胁。[③]然而，从一定程度上看，准军事组织并不能有效防止政变，因为他们有部分力量和国内的叛乱组织存在千丝万缕的联系。例如，地方武装警察部队整合能力差、纪律性差，他们在20世纪70年代期间发起过多次叛乱行动，印度政府不得不调动军队去解决这些准军事组织带

---

① 有一个例外，那就是被时任印度国防部部长克里什那·梅农（Krishna Menon）任命的旁遮普人普朗·纳特·塔帕尔（Pran Nath Thapar），但其任期也未满。其他陆军总参谋长的民族来源也很少重叠，这期间除卡里阿帕和蒂迈雅均为库尔基人（Coorgi）人外，其他几任总参谋长的民族来源都不一样。

② Neville Maxwell, *India's China War*, New York: Random House, 2000, pp.439-440.

③ K. P. Misra, “Paramilitary Forces in India”, *Armed Forces & Society*, Vol.6, No.3, 1980, pp.371–388.

来的安全威胁。[①] 此外，他们并没有接受可以和军队相媲美的军事化训练，一旦发生政变，他们的作战能力可能难以应对来自军队的威胁。[②]

（二）官僚优势

印度文官利用官僚制度压制了军官的影响力，削弱了军官的社会号召力。印度传统的文官控制，不是政治控制，而是官僚控制。[③] 印度的官僚控制通过以下途径实现：一是文官政府掌握财政大权，通过国防财政决定着军队所能获取的资源；二是未将海陆空三军的指挥部并入政府组织机构，各军种长官无法参与政府事务的决策；[④] 三是削弱了军官在官僚系统的权力和地位，降低军人的社会影响力；四是降低了军官职业对精英的吸引力，文官职位得以维持吸引社会精英方面的优势。

第一，文官控制国防部门的财政来源。在英殖民时期，作为维护殖民统治的重要工具，国防建设是英印政府的重大支出项目，占财政总支出的 15%—30%。[⑤] 尼赫鲁执政后，尽管当时军队等部门有不少反对减少国防投入的声音，在经济资源短缺、国家财政紧张的背景下，政府不得不减少国防支出以支持

---

① Jerrold F. Elkin, W. Andrew Ritezel, "Military Role Expansion in India", *Armed Forces & Society*, Vol.11, No.4, 1985, pp.489–504.

② Edward N. Luttwak, *Coup d'État: A Practical Handbook*, Cambridge, Mass: Harvard University Press, 1979, pp.89-104.

③ Kapil Kak, "Direction of Higher Defence: II", *Strategic Analysis*, Vol. 22, No. 4, July 1998, pp. 501–513.

④ Vinod Anand, "Management of Defence: Towards an Integrated and Joint Vision", *Strategic Analysis*, Vol. 24, No. 11, Feb. 2001, pp. 1973–87.

⑤ Dharma Kumar, "The Fiscal System", in *The Cambridge Economic History of India Volume 2:1757–2003*, New Delhi: Orient Longman, 2005, pp.930-933.

其他急缺资金的民生和工业项目。[①]1962年中印边境武装冲突爆发之前，印度的国防开支占国内生产总值的2%左右，[②]从资源分配角度来看，军事机构并不是当时印度官僚体系中的强势部门。1962年中印边境武装冲突中的失利给了印度长期自信的国防发展定位当头一棒，国防开支突增到4.5%。[③]在冷战背景下，军事议题的地位更加突出：尽管印度经济举步维艰，但其国防支出仍旧维持在占国内生产总值的3.1%以上，占总财政支出的10%—15%。[④]冷战结束后，印度更加关注经济改革与发展，国防支出比例相对下降，整体维持在占国内生产总值的2.6%左右、总财政支出的9%左右。[⑤]新冠疫情暴发以来，印度经济发展放缓，难以维持运转140万人次规模的军队，不得不在2022年6月推出“烈火之路”征兵制度改革，以减轻财政压力，但该改革措施在社会上引起了广泛的暴力抗议。

第二，将军人排除在核心决策圈外。印度的国防事务决策一般都在内阁进行，军官不参与内阁决策。印度独立初期，文官政府担心军方权力过大而产生政变，因此削弱军队的决策参与是新政府制度设计的重点之一。[⑥]1946年9月，尼赫鲁在临时政府期间就不再让军队总司令参与政治决策，印度独立后更

---

① Raju G. C. Thomas, *The Defence of India: A Budgetary Perspective of Strategy and Politics*, South Asia Books, 1978, pp.125-135.

② Raju G. C. Thomas, “The Armed Services and the Indian Defense Budget”, *Asian Survey*, Vol. 20, No. 3, 1980, pp. 280–297.

③ Raju G. C. Thomas, “The Armed Services and the Indian Defense Budget”, *Asian Survey*, Vol. 20, No. 3, 1980, pp. 280–297.

④ SIPRI Military Expenditure Database, https://milex.sipri.org/sipri.

⑤ SIPRI Military Expenditure Database, https://milex.sipri.org/sipri.

⑥ Stephen P. Cohen, *The Indian Army: Its Contribution to the Development of a Nation*, New Delhi: Oxford University Press, 1971, p.171.

是将总司令移除出内阁，所有的重要信息和决策都只在国防部内的文官之间流通，军队的情报部门也被转移到内政部下属的情报部门。① 之后，将军官排除在政府核心决策圈之外成为印度决策的传统，尽管曾有执政政府试图增加军方的核心决策咨询权重，但军方实际上还是无法真正参与到决策之中。② 卡吉尔战争之后，印度政府专门成立了调查委员会评估军队管理和协调的问题，委员会最后得出结论：印度可能是所有民主国家中军队总部不属于政府体系的唯一国家，军方在印度政府当中的角色微弱，没有发挥应有的作用。③ 例如，瓦杰帕伊执政时期，军政官员在不同领域保持着明确的分工，军方在诸多国家安全事务领域被剥夺了知情权。军政官员在核项目的互动反映了过去几十年来印度军政关系的典型样态——军官完全不知道政府在开展核试验项目，直到核试验前几天，瓦杰帕伊才正式告知军队高层。而与此形成鲜明对比的是，巴基斯坦的核弹完全是处于陆军的控制之中。④

第三，降低军官的官僚地位。尼赫鲁在 1953 年裁撤陆、海、空三军最高指挥官的总司令（Commander-in-Chief）职位，只保

① Lloyd I. Rudolph and Susanne Hoeber Rudolph, "Generals and Politicians in India", *Pacific Affairs*, Vol. 37, No. 1, 1964, pp. 5–19; Steven I. Wilkinson, *Army and Nation: The Military and Indian Democracy since Independence*, p.120.

② Rory Medcalf, "Imagining an Indian National Security Strategy: The Sum of Its Parts", *Australian Journal of International Affairs*, Vol. 71, No. 5, 2017, pp. 518–28.

③ Lok Sabha Secretariat, *36th Report of the Standing Committee on Defence (14th Lok Sabha) on Status of Implementation of Unified Command for Armed Forces, PERTAINING to the Ministry of Defence*, New Dehli: Ministry of Defence, Government of India, Lok Sabha Secretariat, https://idsa.in/system/files/Standing%20Committee%20on%20Defence%2036th%20Report%202008%202009.pdf.

④ V. P. Malik, *India's Military Conflicts and Diplomacy: An Inside View of Decision-Making*, Harper, 2013.

留总参谋长（Chief in Army/Navy/Air）的头衔，除有去殖民化记忆的考虑外，也有削弱军队最高领导权的目的。印度政府在独立后颁布了《优先权令》(*Warrant of Precedence*)，军官的职级相对文官的职级较独立前普遍下降。[①]此外，印度政府还通过减少高级军官服役时间、截断军官退休后的政治职业通道来减少军官积累社会影响力的机会。印度的高级军官的退休时间较于英美等国家的将领都要早。例如，印度独立以来的重要将领中，纳图·辛格（Nathu Singh）中将51岁退休，卡里阿帕上将53岁退休，S.P.P. 托拉特（Shankarrao Pandurang Patil Thorat）中将53岁退休，K.S. 蒂迈雅（Kodendera Subayya Thimayya）上将55岁退休，拉金德拉·辛吉（Rajendra Sinhji）上将56岁退休。高级军官退休后可发挥政治影响力的空间小，文官政府一般不会再让他们从事与政治有关的工作，主要把他们派遣到国外，几乎不让他们参与到国内政治中。[②]除上述措施以外，印度政府还不鼓励军官发表公开演说，减少军官与公众直接对话的机会。

第四，强化文官部门的精英构成优势。印度还通过降低军人福利、避免军人成为公共领袖等途径来控制军人的社会影响力，强化文官政府职员的精英构成优势。《1948年薪资法案》(*Minimum Wages Act* 1984）使军人的工资待遇大幅下降，1939

---

① 印度政府为重要官员制定的优先级别清单，用于平时礼仪规范需要，由总统秘书处制定。

② 例如，卡里阿帕上将退休后成为驻澳大利亚的高级专员，乔杜里(Chaudhuri)上将担任了驻加拿大的高级专员，K.S. 蒂迈雅上将则在塞浦路斯开展联合国维和任务。中途也有高级军官尝试参与国内政治，但由于种种原因往往选举结果并不理想。

年之后入伍的军官工资减少了约40%。[①] 此举既能节约财政支出，又可降低参军对社会精英的吸引力，将人才分流到文官渠道。然而，随着印度社会经济的发展，地方薪酬水平的相对增速更快，军人职业的薪水吸引力越发减弱。印度政府针对军人薪水偏低的情况，集中进行了几次大幅加薪。例如，1996年，印度第五届收入委员会根据国民生产总值的增速情况，调整了军人的薪酬，使军人的整体薪资水平达到调整之前的3.2倍。当前，经调整后的印度军人的薪资水平是第五届收入委员会定薪水平的2.15倍。[②] 但与不少地方职业相比，提薪后的军人职业工资水平仍旧不高。过去，尼赫鲁政府时期适度降低军人的待遇、削弱军人的社会影响力，这对文官控制可能说是好事。然而，随着印度社会经济状况的变化，过去主动削弱军官待遇的方式已经不可行，否则会加剧军人薪资和地方职业收入的差距，对于保障军队人才建设和增强军队战斗力非常不利。

二　规范内化：文官控制程度的波动因素

印度文官政府从实力塑造和官僚控制两个方面塑造了对军队的强文官控制，但历届文官控制的程度并非恒定不变。印度自独立以来所确立的文官控制措施大体上被各届政府继承保留，即文官控制的外部塑造来源几乎是稳定的，这保证了印度文官政府不会面临军队政变的风险。然而，历届政府对军队的

① Lorne J. Kavic, *India's Quest for Security: Defence Policies, 1947-1965*, University of California Press, 1967, p.143.

② Sandeep Unnithan, "Career in Indian Army Has Failed to Be Attractive Now", *India Today*, 14 May 2007, https://www.indiatoday.in/magazine/defence/story/20070514-salary-hike-to-solve-shortage-of-indian-army-officers-748490-2007-05-14.

文官控制程度却有所波动，例如，作为独立新政权的第一届政府，尼赫鲁政府塑造了对军队的全方位的文官控制，使新生政权免受军事政变的风险，但过强的文官控制却以损失军事效率为代价，并加剧了印军在1962年中印边境武装冲突中的失利局面。[①]而尼赫鲁的继任者，拉尔·夏斯特里却无法塑造与上一届政府同等强度的文官控制程度，军队在其任内更加积极主动。[②]

那么，在制度性文官控制措施保持整体不变的情况下，是什么导致印度历届政府的文官控制程度发生变化呢？本文认为，文官控制规范的接纳程度，即规范内化程度影响了现实的文官控制强度。具体来看，文官领导集权能力、社会文化氛围以及外部威胁评估等是影响文官控制规范内化的主要因素。

（一）印度文官控制规范内化的基本措施

第一，对英殖民政府传统的继承。首先，英殖民政府遗留下的军队不干涉政治是印度文官控制规范深化的历史背景。英殖民期间，军政关系是当时英印政府需要处理的重大事项，因为这关系到殖民统治。当时，英印政府处理军政关系包含两个维度的内容：一是协调高层文武官员的合作，二是基层军队治理的分离牵制策略。“英国人教会我们远离政治，之后国父们教育我们通过民主去选择政府来保障我们圣洁的权力，我们也教育我们的军官要保持政治中立，践行宪法精神”，这是一位军官

① 魏涵：《尼赫鲁政府的文官控制措施及其对印度国防建设和军事能力的影响（1947—1962）》,《军事历史研究》2022年第4期。

② 魏涵：《印度的军政关系与1965年印巴战争》,《中国周边外交研究》2022年第2辑。

在接受采访时的回答，可以看出军官对政治中立的认识。[①] 尼赫鲁在执政期间创造了良好的文官优先的规范，并影响了后续政府的文官治理。在国家建设期间，军队传承下来的不干涉政治的精神得到了加强，并转变为对民主建设积极的职业认同。在此后的几十年里，“文官领导”作为核心军事职业精神之一，在军事院校教育和日常军政互动中不断加强并得以社会化。

第二，军事教育深化规范扩散。军事教育也是贯彻文官领导、军队不干涉政治等规范的重要途径。印度的军事教育强化了宪法、民主和文官领导的至高无上性，也解释了印度作为特殊民主政体的存在。印度的军事教育向军官灌输了这样一种观念，即军队的首要角色是保护国家不受外敌侵扰，只有在紧要关头才参与国内事务，军官要秉持“宪法性”（constitutionality）——在国防部部长的指挥下，以总理、内阁和议会为最高权威。[②] 印度的军事教育机构在专业课程当中添加了有关宪法的内容，也是军官晋升考核的重要考点。根据前陆军总参谋长马利克（V.P. Malik）的描述，“所有级别的军官都会学习并讨论印度的宪法基础，这种做法强化了军官对国家和民选政府的忠诚，而无关任何党派或是意识形态”。[③]

第三，日常实践规训。除了军事教育这样的正式途径，文官控制的规范还通过上级对下级的示范和规训这一非正式途径实现。军队执行严格的上下级关系，保证下级对上级的绝对服

① Aqil Shah, *Controlling Coercion: The Military and Politics in Pakistan and India*, New York：Columbia University, 2010, p.58.

② Aqil Shah, “The Dog That Did Not Bark: The Army and the Emergency in India”, *Commonwealth & Comparative Politics*, Vol. 55, No. 4, Oct. 2017, pp. 489–508.

③ Aqil Shah, *Controlling Coercion: The Military and Politics in Pakistan and India*, New York: Columbia University Press, 2010, p.203.

从。在这种运行规则下，上级对下级所作的实践演示，是下级军官将来处理军政关系的重要参考。例如，戈普尔·古鲁纳特·比乌尔（Gopal Gurunath Bewoor）在 1973 年被任命为陆军总参谋长之前，就提醒陆军部队不要涉入地方事务中去，否则会经历类似巴基斯坦军队那样的失败。[①] 前陆军指挥官夏弥·莫赫塔（Shammi Mehta）中将也说过，“在文官系统里，合法与非法之间的区分界限非常明确，但是对于印度军人来说，上级的指令就是一切，因此指令一定要保证合法，尤其是在营级以上的单位”。[②] 军官每周会和士兵一起用餐几次，并会在长达几个月的时间里和士兵们共同训练，这些接触都是上级军官将自己的思想灌输给其他人的机会。上级军官通过亲身示范为下级军官塑造榜样和典型，将军队不干政的专业精神传递至下级官兵。除了身先士卒的示范，军官们也通过著书立说来传递这些思想，战友之间相互引用文本也会增进这些思想的传播。[③]

（二）影响规范内化的具体要素

一是文官领导集权能力。印度历届政府的文官领导集权能力是不同的。印度文官领导的集权能力，指的是文官领导在核心决策圈、议会、党政部门之间、军政部门之间和党内不同团体之间的统筹协调能力，这种能力与领导人的执政权威塑造紧密相关。文官领导的集权能力越强，那么文官控制程度则会越

① M.L. Chibber, “India Is Totally Safe Against a Military Coup”, *Journal of the United Service Institution of India*, October-December 1989, Oct. 1989, pp. 383–410.

② Aqil Shah, *Controlling Coercion: The Military and Politics in Pakistan and India*, New York: Columbia University Press, 2010, p.208.

③ A.M. Sethna, “Politics and Professionalism”, *Journal of the United Service Institution of India*, October-December 1989, 1989, pp. 425–28.

强；反之，文官控制则越弱。例如，英迪拉・甘地任内的军政关系反映了这一特征。夏斯特里因病溘逝后，英迪拉・甘地临时被辛迪加派作为新政治傀儡推上政治舞台。英迪拉刚上任之初，辛迪加派实际掌权，还将英迪拉称为"笨女人"（Goongi Gudiya）。在执政初期，英迪拉根基不稳，国家内部还有爆发军事政变的可能性。当时的内政部部长查万直接宣称陆军总参谋长乔杜里将军有可能会发动政变，当时的印度总理萨瓦帕利・拉达克里希南（Sarvepalli Radhakrishnan）与三位历届总理关系紧张，因此鼓动乔杜里将军通过政变推翻英迪拉的执政地位。[①] 然而，英迪拉在执政中后期，通过推行激进化经济措施、分裂国大党、1971 年印巴战争大胜、培植亲信等手段，不但将一度岌岌可危的国大党重新拉回了真正意义上的"一党独大"局面，还进一步强化了中央集权，实现了个人独揽大权。军政关系也在英迪拉强大的集权影响下从初期的弱文官控制变成了强文官控制，即使是在"紧急状态"下，军队也没有任何发动政变的迹象，反而成为英迪拉政府的黑色"禁卫军"。[②]

二是社会文化氛围。此处的社会文化氛围包含了两方面的含义——自由主义的冲击及军队的社会形象。

首先，自由主义思想冲击了军队传统的价值体系和内部秩序。通识教育、人权观念、公民价值观的传播以及新技术媒介的发展使军队和社会紧密联通，难以以一个独立的小社会存在。这冲击了军队固有的等级制度和传统保守的价值观。在第二次

① John Freeman, *The British Papers: Secret and Confidential India–Pakistan–Bangladesh Documents, 1958–1969*, Oxford University Press, 2002, pp.480-481.

② Claude E. Welch Jr., *Civilian Control of the Military: Theory and Cases from Developing Countries*, SUNY Press, 1976, p.30.

世界大战期间，印度士兵的文盲率达到 82%，而如今的印度士兵多多少少都接受了中学教育。[①] 绝对文官控制的规范以及印度军队内部的等级服从体系很大程度上依赖军队与社会脱离的价值观念，但是通识教育以及大众传媒却挑战了军队过去相对封闭的状态。经济发展是促成这一变化的主要因素，印度经济在过去近三十年内快速增长，拉大了军队和地方精英之间的经济、社会地位差距，同时也以或明或暗的方式创造了更多制造财富的机会。此外，自由化、市场化经济也加速了社会价值观的变迁——社会更加重视个人价值、创新精神以及打破传统的勇气。这些物质和精神方面的变化，也对新时期印度的军队规范产生了不同方面的影响。印度社会的价值观变迁也反映到军队内部，低种姓的军人在军队受到霸凌后甚至出现了刺杀长官的现象。例如，2014 年 2 月，查谟—克什米尔地区的一名士兵在杀害五名战友后自杀。2014 年 5 月，孟买空军驻地的一位 49 岁的军人枪杀了两位战友，并致另外两名军人受伤，这名犯案军人指责这几个伤亡的军人在事前经常对其进行言语和肢体上的虐待。[②] 根据统计，从 2003 年至 2007 年，印度士兵谋杀长官的公开事件共有 67 起。[③] 随着士兵互相残害以及军人自杀的

---

① Report of Infantry Committee, Appendix "A," "Comparison of Educated Personnel in Various Arms of the Service", Indian Office Archives, British Library, London. 转引自 Steven I. Wilkinson, *Army and Nation: The Military and Indian Democracy since Independence*, Cambridge: Harvard University Press, 2015, p.183。

② Aarefa Johari, "Why Are More Indian Military Men Murdering Their Colleagues?", *Scroll.In*, https://scroll.in, 29 May 2014, http://scroll.in/article/665795/why-are-more-indian-military-men-murdering-their-colleagues.

③ Standing Committee on Defence, *Action Taken by the Government on the Recommendations Contained in the Thirty-First Report of the Committee (Fourteenth Lok Sabha) on "Stress Management in Armed Forces"*, Ministry of Defence, Government of India, Mar. 2010, http://164.100.47.193/lsscommittee/Defence/15_Defence_4.pdf.

事件不断被曝光，军队管理层也逐步开始重视军人团体的心理健康等问题，这类问题在近些年多有好转。军队内部的绝对服从秩序被打乱，无疑也会影响到文官控制规范的执行。

其次，军队在社会中的形象也会影响到军官的自我定位。这种形象一般源于军队在军事行动中的表现，每次战争结束后都是一次军队形象重组的机会。一般来看，军队在战争中表现佳，则享有更高的社会声誉，文官会给予其更多自主权，文官控制会相对减弱；反之，军队若战时表现不佳，社会对其批判则会增多，文官会限制其权力，对其控制会进一步增加；当然还会有一些例外情况。例如，在 1962 年中印边境武装冲突“羞辱式”败北后，印度政府进行了深刻的反省，专门组建调查小组总结失败原因。调查小组得出结论，印度在中印边界的失利可以归因于文官干预过多、军官软弱没有立场、高层指挥系统不符合现实，这场战败的灾难本可以避免。[①] 这份由军队官员出具的报告将战败的主要原因归结于以尼赫鲁为代表的文官系统的领导不力，尼赫鲁等文官高层一时成为众矢之的，这也被一部分人视作反对派密谋推翻尼赫鲁权威的陷阱。[②] 在这种情况下，过度的文官控制成为战败主因，那么文官背责，军队的权力相对得以释放，这也直接导致继任的夏斯特里政府文官控制也被削弱。

---

① R. D. Pradhan, *Debacle to Revival: Y.B. Chavan as Defence Minister, 1962-1965*, Orient Blackswan, 1999; D. K. Palit, *War in High Himalaya: Indian Army in Crisis, 1962*, C Hurst & Co Publishers Ltd., 1991, pp.387-391.

② Secret note on “Indian Political Situation” written by Ambassador P. M. Gore-Booth dated February 3, 1962, in PREM 11/4865, Kew Archives. 转引自 Anit Mukherjee, *The Absent Dialogue: Politicians, Bureaucrats, and the Military in India*, Oxford University Press, 2019, p.61。

三是外部威胁评估。外部威胁评估是文官领导人针对国内外安全威胁水平的评估，尤其是针对影响国家安全的外部威胁因素的感知。一般来看，政府对外部威胁的感知越不灵敏、越没有危机感，军事事务在国家议题当中的排序会越低，军队在整体国家战略中的地位会相对降低，文官控制水平越高。例如，尼赫鲁在 1962 年之前，秉持国际主义、不结盟主义和和平主义的外交原则，在第三世界赢得广泛支持，这也影响了他对安全环境的威胁评估。针对国家安全的可能威胁，尼赫鲁认为印度的周边安全威胁只来自阿富汗或巴基斯坦这样的“二流部队”，[①] 对印度的安全威胁不大。基于对巴基斯坦的实力评估，印度方面认为本国的军事实力要优于巴基斯坦，因此不需要重组军事部署及增加国防开支。[②] 正如鲁道夫夫妇所形容的那样：“（尼赫鲁的）不结盟主义认为外交取代武力成为国际关系的驱动力，也减少了军事力量在国家实力评估中的占比。”[③] 在尼赫鲁对周边安全威胁低估的情况下，军事发展在国家整体规划中的地位就会相应下降，军队在国家事务议题中的话语权也会遭到相应剥夺，文官统治也能相应地进一步强化。

---

① DCC Minutes, 10 October 1947, File 245, Mountbatten Papers, NMML, New Delhi. 转引自 Aqil Shah, *Controlling Coercion: The Military and Politics in Pakistan and India*, New York: Columbia University, 2010, p.107。

② Sardar Patel, *Sardar Patel's Letter to Prime Minister Jawaharlal Nehru*, 7 Nov. 1950, http://www.friendsoftibet.org/sardarpatel.html.

③ Lloyd I. Rudolph and Susanne Hoeber Rudolph, *In Pursuit of Lakshmi: The Political Economy of the Indian State*, University of Chicago Press, 1987, p.23.

三 弱文官控制的案例再现

在制定性文官控制措施整体稳定的情况下，受文官控制规范内化程度不一的影响，印度历届政府的文官控制程度也出现了波动。综合来看，曼莫汉·辛格和拉吉夫·甘地受文官领导集权能力、社会文化氛围及外部威胁评估影响，在任内实现的是较弱的文官控制。

（一）拉吉夫·甘地政府的军政关系概况

拉吉夫·甘地继承了以往印度政府的文官控制措施，但由于其任内集权程度较低、社会拥军氛围浓郁、外部威胁明确，文官控制水平趋弱。首先，执政经验不足致使其集权程度低。在家族光环加持下，拉吉夫在选举中获得历史性高得票率，成为印度独立以来最年轻的总理。英迪拉在被推向政坛前，在其父尼赫鲁身边学习了多年，积累了一定政治经验，而拉吉夫本没有被母亲钦定为接班人来培养，在政治事务上积累的经验不够。其次，社会拥军氛围浓厚。印度在 1971 年印巴战争大获全胜，举国上下都沉浸在胜利的喜悦和得意中，就连英迪拉也被民众捧为“梵天”“湿婆”等神话形象，军队也因为打了胜仗被嘉奖。在此氛围下，军队备受重视。最后，外部威胁明确。几次印巴战争和中印边境武装冲突使巴基斯坦、中国成为印度明确的安全威胁来源对象，军事议题的重要性及军队部门官僚的地位都有所凸显。

1. 拉吉夫·甘地的执政风格

拉吉夫是一个不注重细节和仪式感、讲求速度、决策明快、厌恶冗长官僚行政过程的领导人，所以有人指责他和斯里兰卡签署安全协议的过程过于草率，最后导致了斯里兰卡维和行动的失败。[①] 拉吉夫的决策咨询依赖纳特瓦尔·辛格（Natwar Singh）和奇达姆巴拉姆（P. Chidambaram）这样的年轻官员，而相对忽视诸如拉奥（Narasimha Rao）这样的老派官员。[②]1987年，拉吉夫组成自己的核心决策圈，主要由各军种、外交部门、情报部门和总理办公室人员构成，负责所有国家重大决策事务。此外，由于拉吉夫和阿朗·辛格私交很好，拉吉夫在处理军事事务时经常会绕过各军种首长，和阿朗直接商议决策。这样的非正式决策方式暴露了印度当时国家安全决策事务的部分问题。

总体看，拉吉夫执政后，带来了和英迪拉政府时期不同的官僚风气。1984 年，英迪拉总理被锡克籍的警卫刺杀，备受英迪拉栽培的小儿子因飞机失事而意外去世，拉吉夫·甘地不得不走向政治前台。拉吉夫在选举中获得历史性高得票率，成为印度独立以来最年轻的总理。拉吉夫的执政风格偏向务实，一方面继承了母亲英迪拉的基本政策，另一方面又将自己的个人风格和政策侧重点涵盖，执行"有变化的连续政策"，强调大胆创新和改革。[③] 拉吉夫对内注重现代化建设，侧重经济改革和行政改革，破除党内的倒戈之风，端正之前在英迪拉执政时期遗留下来的官僚邪风；在对外政策上，为了"将印度带向二十一世纪"，实现国内的现代化建设，拉吉夫致力于为印度建设和平稳定的国际环境，秉持务实灵活的外交政策，他在这一阶段还

① P. R. Chari, *The IPKF Experience in Sri Lanka*, University of Illinois at Urbana-Champaign, 1995, pp.14-15.

② S. Kalyanaraman, "Major Lessons from Operation Pawan for Future Stability Operations", *Journal of Defence Studies*, vol. 6, no. 3, 2012, pp. 29–52.

③ 罗祖栋：《拉吉夫·甘地对外政策管见》，《南亚研究季刊》1987 年第 3 期。

恢复了和中国切断了近二十年的正常外交关系。

2. 拉吉夫·甘地政府的军政关系

军队方面，当时以陆军参谋长桑达吉为代表的军队高层颇具性格，与拉吉夫产生诸多矛盾。桑达吉（K. Sundarji）将军在1985—1989年担任陆军总参谋长，在任期间指导开展了多项改革措施。桑达吉是印度军事历史上最具争议性的陆军总参谋长，被评价为“最有野心”“最聪明”的军官。[①] 桑达吉贯彻着最标准的军政平衡之道，即双方互不干涉，军方不向文官主动给予过多的建议，同时也不让文官干预军事行动方面的决策。[②]1986年中印在边境地区发生对峙危机，桑达吉深陷此次对峙的旋涡中心。这次对峙被印方称为“战隼行动”，印方此次还企图通过空运士兵威吓中国，导致中方增加了此次对峙的武装部署。拉吉夫政府担心此次危机会导致1962年悲剧重演，立即召集文武官员在陆军总部举办紧急会议。在这次会议中，桑达吉并没有提供过多的建议，而是仅仅向文官解读了局势情况，所以中印这次边境危机是依靠外交谈判解决的，军方在此次争端的解决中贡献较少。[③] 此外，桑达吉行事果断干脆，不会过多考虑其他细枝末节，因此常常容易惹出一些争端。例如，在1984年“蓝星行动”中，他曾承诺这次军事行动会在一天内解决，但实际

① Kuldip Singh, “Obituary: General Krishnaswami Sundarji”, *The Independent*, 10 Feb. 1999, https://www.independent.co.uk/arts-entertainment/obituary-general-krishnaswami-sundarji-1069842.html.

② Shekhar Gupta, “General Krishnaswamy Sundarji, Soldier of the Mind Who Rewrote India’s Military Doctrine”, *The Print*, hekhar Gupta, https://theprint.in/opinion/general-krishnaswamy-sundarji-soldier-mind-rewrote-indias-military-doctrine/34227/.

③ Manoj Joshi, “Operation Falcon: When General Sundarji Took the Chinese by Surprise”, *ORF*, 3 July 2017, https://www.orfonline.org/research/operation-falcon-when-general-sundarji-took-the-chinese-by-surprise/.

最后持续了三天。另外，在斯里兰卡维和行动中，他又低估了泰米尔猛虎组织的武装实力，宣称“印度军队将会在两周内完成调解任务”，但实际上印军直到最后也没有完成维和任务。[①]这些互动中的种种不悦，导致桑达吉和拉吉夫之间产生了矛盾。

文官方面，国防部部长频频换人，拉吉夫缺乏助其协调军政事务的得力文官。阿朗·辛格由于对国防事务非常感兴趣，且与拉吉夫私交很好，因此在 1985 年 9 月被任命为国防部部长。在当时的印度，文官能主动对军事领域感兴趣是很稀有的事情，因此阿朗在上任后就被寄予厚望。阿朗任职国防部部长期间与陆军总参谋长桑达吉将军、海军总参谋长塔西利阿尼（R.H.Tahiliani）将军以及空军总参谋长丰泰元帅（Denis La Fontaine）相处融洽，并在任内推动多项军事改革。但后期阿朗在与拉吉夫合作过程中隔阂渐渐增多，1987 年 7 月，阿朗从国防部部长一职上辞职。随后，V.P. 辛格接替阿朗成为国防部部长，但几个月后，V.P. 辛格又被潘特（K. C. Pant）代替。继任的国防部部长是巴特纳格尔（S. K. Bhatnagar），他在这一岗位上待了不到四年，因为卷入波佛斯军售腐败案中，政府对他不再多有信任。[②]色尚（T.N. Seshan）接替巴特纳格尔成为继任的国防部部长，和巴特纳格尔不同的是，色尚“自信且咄咄逼人”，强硬专制的执政风格令其与“各军种长官的关系越来越差”。[③]

---

① J. N. Dixit, *Assignment Colombo*, Konark Publishers, 1998, p.156.

② Prabhu Chawla, “Bofors Scam: V.P. Singh Government to Launch Criminal Proceedings”, *India Today*, 31 Jan. 1990, https://www.indiatoday.in/magazine/special-report/story/19900131-bofors-scam-v.p.-singh-government-to-launch-criminal-proceedings-812312-1990-01-31.

③ B. G. Deshmukh, *From Poona To the Prime Minister's Office: A Cabinet Secretary Looks Back*, Harper Collins Publishers Ltd., 2004, p.164.

色尚仅仅在位十个月后就被替换，纳雷什·钱德拉（Naresh Chandra）接替了他的位置，他的性格更加温和平静，为国防部的工作带来了与之前不同的工作氛围。[①]

拉吉夫执政期间的军政关系开端较好，这时期的军政关系也被视作短暂的复苏，在很大程度上得益于阿朗首先担任国防部部长。阿朗担任印度国防部部长后，军政之间的互动协作不同于传统典型的关系，二者几乎没有任何沟通鸿沟。因为阿朗会经常与各军部首长直接对话，摒弃了之前官僚机构从中插手的惯常做法，这是军部首长们长时间期盼的沟通方式。但在实际互动中，由于阿朗年轻且缺乏足够的从政经验，军部首长们往往会从气势上压倒他，所以那时候有人担心军队的权力会因为一个弱势的国防部部长而过于膨胀。

由于阿朗缺乏处理文武关系的足够经验，这种直接对话的方式虽然促进了国防部部长和军部首长们之间的互动关系，但是却忽略了总理作为最高决策者，使从前的军政矛盾转变成了国防部部长和总理之间的矛盾。当时军政关系矛盾突出表现为拉吉夫和各任防长之间的矛盾，这从他频繁更替防长一职可以看出。在1986—1987年印巴危机时，印度在边境地区开展了三军联合军演，巴基斯坦认为印度此举可能会引发全面战争，便调动了本国部队前往边境地区与印度军队展开对峙，危机一触即发。拉吉夫在危机发生前对印度此次具有挑衅性的军演并不知情，国防部部长以及其他一些高级军官并未将此次行动提前告知拉吉夫，这暴露出印度决策系统当中的问题。在此次危

① P. R. Chari, *The IPKF Experience in Sri Lanka*, University of Illinois at Urbana-Champaign, 1995, pp.14-15.

机后，阿朗辞职，V.P. 辛格成为新任的国防部部长。[①] 在波佛斯军售丑闻发生时，拉吉夫和阿朗之间的隔阂就已经加深，1987年的印巴危机将二人的矛盾暴露到台面上来。V.P. 辛格在担任国防部部长几个月后，K.C. 潘特接替了他的职务。K.C. 潘特上任之后强调实现军政平衡，于是他首先改变阿朗此前与军部首长直接对话的机制，将文官官僚重新安排至军政互动的轴心位置，重回到传统的文官控制习惯，有媒体将这一改变形容为“这种做法现在可以强化文官在决策过程中的控制，而军事机构难以再纯粹出于战术考虑而影响这些决策”。[②]

3. 斯里兰卡维和行动中的军政互动

拉吉夫执政期间，斯里兰卡维和行动的决策是其任内军政关系形态的高度缩影。从拉吉夫决定干涉斯里兰卡内战，到派遣印度军队前往斯里兰卡展开行动，再到拉吉夫深陷此次军事行动的泥潭而无法抽身，最终导致其被泰米尔极端分子刺杀，这次决策注定是一个错误，但针对最高国防安全决策中的问题，印度政府并没有从这次事端中吸取足够教训。

1987 年 7 月，印度和斯里兰卡签订条约，承诺帮助斯里兰卡政府解决国内族群冲突问题，于是在 1987—1990 年，印度派遣军队去斯里兰卡执行军事任务，帮助斯里兰卡政府抵抗泰米尔猛虎组织等反政府力量。尽管在签订协议及派军之时，拉吉夫一方信誓旦旦，认为印度的出手能够帮助斯里兰卡迅速解决内战问题，但是没想到印度在这次行动中损失惨重，有 1200

① Prabhash Joshi, “The Uncommon Catalyst”, *Tehelka,* Vol.5, No.50, December 20, 2008. 转引自 Anit Mukherjee, *The Absent Dialogue: Politicians, Bureaucrats, and the Military in India*, p.81。

② P. R. Chari, et al., *Four Crises and a Peace Process: American Engagement in South Asia*, Brookings Institution Press, 2009, p.60.

余名印度士兵在此次行动中丧生，而且拉吉夫直到被刺杀前都一直无法果断撤军。这次行动一直持续到 1990 年，跨时三年。

当时拉吉夫基于国际形势和国内政治做出了出兵干预斯里兰卡内战的决定，印度军方在最终决策前，对此次行动做了评估，但评估内容从最后结果来看是失准的。根据直接参与行动的马利克（V.P. Malik）将军回忆，当时陆军总参谋长桑达吉让下属军官分析各种紧急情况及其应对措施，包括强制性措施、最大和最小军事介入方案、全方位的外交影响。军队根据指示整理了一份评估报告提交给政府。评估报告预测了这次行动的结果：最好的情况是，斯里兰卡主动请印度帮忙，这时候印度可以答应；最差的情况是，斯里兰卡继续向印度的敌对国家寻求军事援助，这是印度很不愿看到的；此外，斯里兰卡还有发生政变的可能，这种情形也会有若干不同结果。然而，在这次针对斯里兰卡行动的评估中，外交部没有参与，这是马利克批评之处。①

斯里兰卡行动整个过程暴露了当时军政关系当中的一些问题。例如，军官负责整个行动的情势评估，但外交部门参与不足，几乎没有提供任何协助。外交秘书库尔迪普·萨赫德夫（Kuldip Sahdev）曾出席过行动简报会，但是没有发表任何意见。整个行动几乎都在军队的指挥和协调下进行。1987 年 6 月，在海军参谋长塔赫里阿尼（R.H. Tahliani）的主持下，参谋长联席会向各主要战区司令部指挥官及其他高级参谋人员汇报了斯里兰卡行动计划，任命南部司令部总司令德普德尔·辛格中将担任行动总指挥。关于拉吉夫决定和斯里兰卡签订互助协议一事，

---

① V. P. Malik, *India's Military Conflicts and Diplomacy: An Inside View of Decision Making*, Harper, 2013.

外交部知之甚少，更是在印度向斯里兰卡派军后外交部才知悉此次行动。拉吉夫最后被泰米尔极端分子刺杀，其中也有外交部工作不到位的原因，没有尽到向拉吉夫评估军事行动对两国关系影响的职责。①军政互动，不只包括广义上的文官政府和军队之间的合作，还包括具体文官职能部门及军队部门之间的协作沟通。斯里兰卡行动中，尽管拉吉夫作为文官代表与军队有足够的交流，但外交部作为弱势的文官机构没有发挥应有的作用和功能，此次行动中军政互动仍旧失衡。

V.P. 辛格只担任了几个月的国防部部长，在拉吉夫遭暗杀后就任印度总理，并指派阿朗成立军事改革委员会指导国防改革事项。阿朗再度执掌印度军事要务后，致力于整改印度军队，提高印军作战能力，提出了包括减少军事开支、改组最高国防组织结构的建议。但由于改革阻力过大，这些建议最后都只能束之高阁。②拉吉夫任内的波佛斯腐败案、印巴边境对峙以及斯里兰卡行动困境，暴露出印度国防高层指挥、军政关系领域出现了不小的问题，但由于没有致命的危机出现，官僚惰性和路径依赖使印度一直缺少一个契机去进行根本性的改革。

（二）曼莫汉·辛格政府的军政关系概况

总体来看，曼莫汉·辛格政府时期文官控制水平较弱。第一，薄弱的政治背景使其集权程度较低，党派元老对其政策牵制较大；第二，印度在 1999 年卡吉尔战争中的胜利也使军队在

① V. P. Malik, *India's Military Conflicts and Diplomacy: An Inside View of Decision Making*, Harper, 2013.

② Anit Mukherjee, *Failing to Deliver: Post-Crises Defence Reforms in India, 1998-2010*, IDSA Occasional Paper No. 18, Institute of Defence Studies and Analyses, 2011.

社会中的声望剧增，官僚地位上升；第三，在外部威胁感知上，巴基斯坦仍旧是印度国家安全的重要威胁，但此时国内安全威胁要比外部威胁更为突出。曼莫汉·辛格认为，国内安全威胁是影响印度安全和稳定的主要来源。①20 世纪 90 年代后期，印度曾面临非常严峻的恐怖主义威胁，因此辛格执政后更加关注国内恐怖主义的治理，并取得了一定的成效。

1. **辛格的执政风格**

经济学学者出身的曼莫汉·辛格在任期间权力集中程度较弱，因为其内阁成员及某些政治元老对其执政牵制较大，他在政策上发挥的自主空间有限。在 2004 年大选时，国大党的总理候选人第一选择本是索尼娅·甘地，在对方推辞后，国大党几经回转最后选择了辛格为总理竞选人，②这种情形和尼赫鲁逝世后的情形有些类似：国大党辛迪加派为了更好地控制党内及国家事务，选择了性格温和、立场并不鲜明的夏斯特里担任国大党总理候选人。从辛格的执政成果来看，似乎能看出他确实缺乏魄力：在经济领域，辛格总理在第一任期内未能推行必要的经济改革，没有巩固之前印人党执政时期创纪录的经济增长，而在第二任期内未能缓解经济危机带来的不利冲击，导致国内长期处于高通胀、经济增速迟缓的困境；在国防领域，尽管辛格政府在 2011 年专门成立纳勒什·钱德拉委员会（Naresh Chandra Committee）评估现有国防制度及改革前景，但最后都没有取得什么实际进展。

① BBC, "India PM Singh Says Internal Security a Major Challenge", *BBC News*, 16 Apr. 2012, https://www.bbc.com/news/world-asia-india-17724546.

② Sanjaya Baru, *The Accidental Prime Minister: The Making and Unmaking of Manmohan Singh*, Penguin Books Limited, 2014.

2. 辛格政府的军政关系

曼莫汉·辛格的政治基础较弱，在其执政期间发生了不少军官公开诘难文官政府的事件。例如，有印度军官向政府退换自己的功勋章，还有军官要求提高自己的薪酬等，其中退役军官 V.K. 辛格（V. K. Singh）不断在媒体上公开指责印度军政关系的畸形发展，令政府一度十分尴尬。2008 年，印度海陆空三军总参谋长共同公开反对第六届中央支付委员会所提交的报告，报告指出要削减包括军队官员在内的中央政府工作人员的工资和补贴，这次公开矛盾备受媒体关注。[①]2012 年，陆军总参谋长 V. K. 辛格（V. K. Singh）将政府起诉至最高法院，诉政府内有人擅自将其年龄改大一年而令其提前退休，[②]败诉后不断在公开场合指责政府。同年，在中央政府不知情的情况下，驻西北部哈里亚纳邦城市海萨尔的一支步兵营和空降兵营向德里进发，一度引起民众恐慌。[③]2013 年，印度内政部部长也公开批判军队难以沟通，认为在修改《军队特殊权力法案》（*Armed Forces Special Powers Act*, AFSPA）时不与政府配合。[④]《军队特殊权力

① Shekhar Gupta, "Chain of Command, Demand", *Indian Express*, 7 Sept. 2011, http://archive.indianexpress.com/news/chain-of-command-demand/369248/0.

② The Times of India, "Army Chief V. K. Singh Loses Legal Battle, Govt Hails Supreme Court Order", *The Times of India*, 10 Feb. 2012, https://timesofindia.indiatimes.com/india/Army-chief-V-K-Singh-loses-legal-battle-govt-hails-Supreme-Court-order/articleshow/11838737.cms.

③ Shekhar Gupta, et al., "The January Night Raisina Hill Was Spooked: Two Key Army Units Moved towards Delhi without Notifying Govt", *Indian Express*, 20 Sept. 2013, http://archive.indianexpress.com/news/the-january-night-raisina-hill-was-spooked-two-key-army-units-moved-towards-delhi-without-notifying-govt/932328/.

④ Sandeep Joshi, "Army's Stand Makes It Hard to Amend AFSPA: Chidambaram", *The Hindu*, 7 Feb. 2013, https://www.thehindu.com/news/national/Army%E2%80%99s-stand-makes-it-hard-to-amend-AFSPA-Chidambaram/article12335574.ece.

法案》赋予了军队在“动荡地区”的特别权力，以维持地区稳定和秩序，例如在未被授权的情况下开枪、以其他方式使用武力和逮捕①。随着民众人权和平等意识的加强，从20世纪90年代开始，公众呼吁取消这一特权法案的呼声越来越高。2014年，海军上将D. K. 乔什（D. K. Joshi）以“为多次海军行动意外负责”为由辞职，后在媒体采访中公开指责政府“功能失调、效率低下”，认为政府缺乏“专业竞争力、领域专业性、可靠性、责任感和权威”，火药味浓郁。② 面对这些尴尬局面，辛格总理也成为印度国内少数在公开场合对民众解释军政关系的最高领导人。2013年11月，在一次公开讲话中，辛格总理强调，印度军队不参与政治是印度军政关系的主要特点，也是维持印度民主的必要前提，为了继续保持这一特点，印度政府将推进最高国防决策体制改革，优化决策过程中的军政互动。③

纳勒什·钱德拉委员会的报告中专门提及了促进印度军政关系发展的内容。首先，委员会建议设立国防参谋长或参谋长委员会常设主席等职务，用于协调“综合展望长期计划”（Long Term Integrated Perspective Plan）、五年军购计划或者年度军购计划，统辖包括新建立的安达曼和尼科巴指挥部、域外应急部队等在内的三军合作机构，策划和举办大型联合军事演习，整

① “Government of India, Armed Forces (special powers) Act,1958, “may 22, 1958,” May 22,1958, https://www.wha.gov.in/sites/default/files/armed forces special powers_act 1958.pdf.

② Devendra Kumar Joshi, “‘Vested Interests Have Stalled Reforms,’ Former Navy Chief Admiral DK Joshi Tells NDTV”, *AamJanata - Intellectual Anarchy*, 18 Oct. 2014, https://aamjanata.com/politics/media/vested-interests-have-stalled-reforms-former-navy-chief-admiral-dk-joshi-tells-ndtv-full-transcript/.

③ TNN, “Manmohan Singh Lauds Military’s Professionalism”, *The Times of India*, 23 Nov. 2013, https://timesofindia.indiatimes.com/india/manmohan-singh-lauds-militarys-professionalism/articleshow/26225845.cms.

合后勤、培训和行政等公共职能。[①] 陆、海、空三军各总参谋长在 2013 年破天荒地公开接受设立统辖三军的国防总参谋长的提议。[②]2018 年 12 月，海军元帅苏尼尔・兰巴（Sunil Lanba）再度确认了政府设立参谋长委员会的决定。其次，钱德拉委员会还建议在国防部内将文官和军官互派到对方机构中交叉工作，以增进对彼此工作的理解。为了提高文官对军事事务的专业性，委员会还建议在文官政府中安排一名由国防专家担任的特别干部。[③] 但是，由于这些改革措施关系到印度整个国防行政体系，在缺乏足够政治推动力的背景下，这些建议措施很难得到落实。

辛格在国防领域改革的失败归咎于三个原因。第一，政府官僚不愿修改尼赫鲁时期的政策，认为既有制度在应对现存问题时已经足够有效。第二，从现存体制获取收益的利益攸关群体构成固定，他们不想让自己的既得利益陷入风险。第三，改革计划启动时，正值政府即将改选之际。考虑到 2014 年全国选举后政府可能改选，改革阻力和成本较大，因此也被迫暂时搁置改革计划。但对于印度社会批评自己执政软弱的说法，辛格也有自己的解释：

---

① Nitin Gokhale, "Naresh Chandra Task Force's Report on National Security: An Appraisal", *Vivekananda International Foundation*, 16 July 2012, https://www.vifindia.org/article/2012/july/16/naresh-chandra-task-force-s-report-on-national-security-an-appraisal.

② Ajai Shukla, "Tri-Service Chief to Be Chosen Soon", *Business Standard News*, 2 Dec. 2013, https://www.business-standard.com/article/specials/tri-service-chief-to-be-chosen-soon-113120200034_1.html#.

③ Sujan Dutta, "Indian Military Divided on Integration, but Air Force Chefs Are Learning from Navy School", *The Print*, 3 Dec. 2018, https://theprint.in/defence/indian-military-divided-on-integration-but-air-force-chefs-are-learning-from-navy-school/157978/.

> 我认为自己不是一个软弱的总理……和现在的媒体及议会反对党不同的是，我诚挚地认为历史会更加善待我……在诸多不得已的政治情形下，我已经尽力了……根据现实情况，我在自己能力范围内都有所行动……我做的事情，或者没做的事情，都需要交给历史去评价……如果你们觉得在艾哈迈达巴德发动对无辜群众的大规模残杀就是有能力的话，我对此并不认同……我认为国家并不需要总理具备这样的能力……①

辛格政府期间的军政关系进一步影响到了印度的对外政策。在印巴两国锡亚琴冰川驻军问题上，辛格总理最后向军队让步，选择了继续在该地派遣军队驻扎。锡亚琴冰川位于中国、印度、巴基斯坦三国三角交界地带，印巴两国在此开展了长达30余年的控制权争夺，发生过数次血战，都在此不毛之地长期驻兵。锡亚琴冰川的自然条件非常恶劣，平均海拔为5500米，冬季平均降雪量约为10.5米，气温最低甚至能达零下50摄氏度。在这样极端的自然条件下驻军，对印巴两国士兵都是不小的挑战。两国政府都曾考虑从锡亚琴冰川撤军，减少不必要的代价。印巴两国在1989年、1992年、1994年以及2005—2006年都曾试图就锡亚琴驻军问题达成协议，但最后都以失败告终。辛格政府带着解决该问题的决心，2005—2006年间发起了第四次谈判，但印度军方在此问题上坚持不退让，导致谈判最后无疾

① PTI, "Haven't Been a Weak PM, History Will Be Kinder to Me: Manmohan Singh", *The Economic Times*, 3 Jan. 2014, https://economictimes.indiatimes.com/news/politics-and-nation/havent-been-a-weak-pm-history-will-be-kinder-to-me-manmohan-singh/articleshow/28331487.cms.

而终。[1]

辛格总理在与巴基斯坦的和平谈判上投入了大量精力，曾对锡亚琴争端的解决寄予厚望，但政府内的反对派和军队联合在一起，使辛格总理的这一计划最终流产。在辛格着手解决锡亚琴问题前，曾广泛召集涉事军官商议此事，最后决定通过和平的外交途径解决这一争端。然而，时任陆军总参谋长 J.J. 辛格却公开反对辛格总理的解决思路，并最终扭转了政府的做法。[2] 实际上，陆军总参谋长在早期对此计划并不反对，而辛格总理的内阁成员及高级顾问普拉纳布·穆克吉（Pranab Mukherjee）和 A.K. 安东尼（A. K. Antony）持反对意见，因此说服军队与他们站在同一战线。[3] 印度时任前联合秘书 T.C.A. 拉格万（T. C. A. Raghavan）在和美国外交官的一次会面中，强调了从锡亚琴撤兵的困难，并称军队和政府在此问题上立场有明确的差异，军队也在不同场合强调他们坚持不撤军的原因。[4] 锡亚琴事件一方面反映了辛格总理难以完全掌控内部的分歧，另一方面也反映了军队是文官政府处理国际事务时的一个重要影响因素。

引起这些军政不合现象的因素是多方面的，有军政互动

---

① Srinath Raghavan, "Siachen and Civil-Military Relations", *Economic and Political Weekly*, Vol. 42, No. 35, 2007, pp. 3531–3533.

② A. G. Noorani, "Talkative Generals", *Frontline*, 13 Aug. 2010, https://frontline.thehindu.com/the-nation/article30181388.ece.

③ Sanjaya Baru, *The Accidental Prime Minister: The Making and Unmaking of Manmohan Singh*, 1st edition, Penguin Books Limited, 2014, pp.188-189; Shyam Saran, *How India Sees the World: From Kautilya to Modi: Kautilya to the 21st Century*, Juggernaut, 2017, p.90.

④ "Indian Army Hurdle in Way of Siachen Solution", 2 June 2011, https://www.dawn.com/2011/06/02/indian-army-hurdle-in-way-of-siachen-solution/.

机制设计不足的因素，也有官员性格的因素，但这时期的军政龃龉也和时代、社会背景的变化息息相关。第一，军队和文官政府围绕《军队特殊权力法案》的争议反映了新时代人权、民主、和平等思想在印度社会的传播，过去军队高压专制式管理已经很难获得民众的认可和支持。第二，卸任的前陆军参谋长V.K. 辛格与文官政府尖锐的矛盾之所以被广泛关注，得益于印度国内媒体的发展。在媒体助推下，军政之间诸多的互动细节得以有机会公之于众，政府及学者才有更多的信息资源去反省军政互动之中的问题。第三，退役军官将与文官政府的争端诉诸法律也是一个新的变化。这体现了除媒体以外，法院作为第三方力量对军政关系新的塑造。第四，新的社会经济关系也是影响当代军政关系的重要因素。2008 年，印度政府启动第六届薪酬委员会用以评估和改革政府雇员薪资结构，军队对委员会最后的定薪结果很不满意，认为军队职员的薪资水平较文官政府职员被低估，同级别的职员却有不同的收入待遇。[①] 军队的财政支出对文官政府来说压力不小。近年来，政府多次评估了对军队的国防预算投入和军队人员结构，逐步调整现役和退役军人收入，引发了局部的军政矛盾。印度经济快速发展后，军队和地方的收入差距渐渐显露出来，相比于地方灵活的市场化收入调整，官僚内部的收入调整需要进行全面的评估和衡量，所以需要更长的反应时间去与地方收入平衡。在市场化经济背景下，庞大而保守的军事机构常常因为经济收入问题和文官政府爆发冲突，V.K. 辛格指责文官政府修改年龄，一定程度上也

① Navdeep Singh, “Sitharaman Restores ‘Sheen’ to Military Ranks after 2016 Uproar”, *The Quint*, 6 Nov. 2017, https://www.thequint.com/voices/opinion/civil-military-ranks-7th-pay-commission-controversy.

是和退休前后的待遇变化有关。

辛格总理任内爆发的军政不合现象为现代军政关系模式提供了新的现实思考。过去，印度的军政关系设计围绕防止军人发动政变展开，但历经几十年的考验，印度既有政体下发生政变的可能性极低。印度现代社会下的军政关系将更多地关注国家治理议题下的组织及政策效力，辛格任内爆发的军政不合现象带给政府两层考验：一是如何在这种军政危机下继续维持文官政府对军队的绝对控制，二是如何借助这些军政危机重新反省国防制度当中潜在的风险。

四 结论

尽管印度能实现较强的文官控制，但在印度独立后 70 余年的历史中，文官政府和军队互动时的角色并不恒定——既有尼赫鲁政府时期的全方位的强文官控制，也有英迪拉·甘地政府从弱到强的渐进式强文官控制，还有如夏斯特里、拉吉夫·甘地和曼莫汉·辛格等政府时期的弱文官控制。但所谓的弱文官控制，仍旧是在军队难以发动军事政变的大制度背景下的官僚互动现象，文官对于整个政权的把控局面是不变的。军政互动容易发生问题，但军政危机的模式也往往是固定的：军队领导人指责文官政府在国防领域执政不力、投入不够，以牺牲国家安全为代价；而文官领导人指责军官违背军人服从和保护的职责，频频越界。

由于文官控制分类简单，所以才导致印度的“强文官控制”型的军政关系类型难以涵括“弱文官控制”这一例外情形。综合学者对文官控制及其模型的研究，可以发现学界对于文官控制类型的划分基本上都没有逃脱亨廷顿“二分法”的影响。尽管亨廷顿是世界军政关系理论研究的鼻祖，但在其之后的学界仍旧带着批判眼光不断重新审视亨廷顿的研究，遗憾的是他们对于文官控制类型的划分并没有跳脱出亨廷顿的划分方法：以文武官员的权限重叠面积来区分文官控制。这一标准的实际运用度较低，因为文武官员在具体工作和协调过程中总会不可避免地形成工作交叉，而且文官是否算得上“干预军事”，这种判断标准又比较受限于学者自身对不同政体的认知理解和价值判断。因此，亨廷顿以及后来的学者对文官控制类型的划分，很难说他们建构出了一种立体、较能普遍解释现状的理论模型。

“在场的”外交话语：中法日三国比较

宗华伟

【摘要】外交话语能力是新时代中国特色大国外交能力的重要维度，也是中国当前提升话语影响、破解话语困境的关键。外交话语能力是话语主体开展外交话语实践、塑造权力关系和影响的能力，需要在话语权力展演的实践进程中考察，具体体现在话语的在场实践、意义实践、行事实践和联盟实践四个维度。通过基于话语实践的外交能力框架对联合国教科文组织场域中的中法日三国进行比较研究，可以发现中国近年来的话语在场程度明显增强，但同法国、日本相比，在话语意义建构、话语联盟运筹、话语行事成效等方面还有提升空间。中国还应进一步向外交话语能力较强且有自身特色的国家学习借鉴，通过主动积极、有为有效的外交话语实践提升外交话语能力。

【关键词】外交话语；外交话语能力；话语实践；联合国教科文组织

【作者简介】宗华伟，毕业于北京大学国际关系学院国际关系专业，获法学博士学位，现任中国常驻联合国教科文组织代表团一等秘书，主要研究方向为国际组织和中国多边外交，在《世界经济与政治》《国际政治研究》等上发表多篇论文。

新时代中国特色大国外交推进十年来，外交能力日益成为关乎发扬历史主动精神、增强外交主动运筹、提升战略有利地位的关键因素。在当今世界，中国日益发挥着世界和平建设者、全球发展贡献者、国际秩序维护者的重要作用，前所未有地走近世界舞台中央。[①] 外交能力既是国家能力的重要组成部分，又是一种特殊的国家资产，是国家外交想法、方法、做法、办法以及说法的知行统一，体现在外交人的智慧、韧性、能动性和外交体系自我调适、适应变化以规避风险、搭建桥梁等不同层面。[②] 其中，外交话语能力是外交能力不可或缺的重要维度。

外交的本质在于通过非暴力、持续的话语沟通和话语实践来实现国家利益，外交认知能力、决策能力、治理能力、财政能力等最终都会体现在外交话语能力上并通过外交话语实践而在具体场域中得以"展演"。[③] 中国提升大国外交能力的一个重点领域就是要精心构建对外话语体系，提升中国话语的国际影响力，形成同中国综合实力和国际地位相匹配的国际话语权，打破全球性大国角色生成进程中所面临的话语困境。[④] 综观当

---

①《习近平生态文明思想学习纲要》，学习出版社、人民出版社 2022 年版，第 103 页。

② 王逸舟:《外交能力试析》,《国际关系研究》2023 年第 2 期；白云真、张旗:《外交能力的概念、方法及其议程》,《中共中央党校（国家行政学院）学报》2022 年第 2 期。

③ 王逸舟:《外交语言探问》,《国际关系研究》2022 年第 3 期；宗华伟:《联合国教科文组织场域中的话语权力展演研究》，北京大学国际关系专业博士学位论文，2023 年 5 月，第 34 页。

④ 王毅:《全面推进大国外交》,《人民日报》（要闻版）2022 年 11 月 8 日；胡正荣:《新时代中国国际话语权建构的现状与进路》,《人民论坛》2022 年第 3 期；叶淑兰:《中国国际话语权建设：成就、挑战与深化路径》,《国际问题研究》2021 年第 4 期；杨洁勉:《中国特色大国外交和话语权的使命与挑战》,《国际问题研究》2016 年第 5 期。

今世界舞台，凡占有一席之地并积极有效扮演着重要角色的国家无不拥有强大、灵活且具有自身特色的外交话语能力，这一点在政府间国际组织的多边外交场域中尤为彰显。开展大国外交话语能力的比较研究对于深化外交话语实践的理论思考、提升中国国际话语权、增强中国特色大国外交能力建设具有重要意义。

本文将提出一个关于外交话语能力的分析框架，通过外交话语实践的若干维度考察外交话语能力，对中国、法国、日本在联合国教科文组织中的外交话语能力进行比较研究。选择联合国教科文组织作为话语场域是因为该组织为政府间国际组织、以主权国家为成员，各国派驻的外交使团发言辩论代表国家意志，其话语实践水平体现了该国的外交话语能力。同时，联合国教科文组织决策遵循“一国一票”的平权原则，以“协商一致”作为主要决策方式，成员国无论大小、强弱、贫富都有平等的初始话语地位，各国凭借外交话语能力塑造不同的话语权力关系，外交话语能力的作用在该组织场域内相对更加突显。探析中国在联合国教科文组织场域中的外交话语能力提升成就与空间，并借鉴其他国家的外交话语能力之所长，能够为中国进一步提升多边话语能力提供一些政策启示。

一　外交话语能力：一种基于话语实践的分析框架

在探讨外交话语能力之前，需要先厘清外交语言和外交话语的区别。费迪南·德·索绪尔（Ferdinand de Saussure）将语言定义为一套具有内部同质性的符号系统，主张语言研究要排除社会的、言语的、心理的等各种非语言因素。[①] 话语则是“使用中的语言”，一个超越语言、文本以及言说行为的“文本整体”和社会实践。[②] 因此，外交语言是外交职业所使用的一套语言符号和礼仪系统，是长期外交实践中形成和积累的那些丰富而精致的词、句、委婉语、手势、动作等，每个语言元素都有其分量和意义。[③] 外交话语可以理解为使用外交语言开展的话语实践，通过话语实践并在话语实践中塑造和改变话语主体之间的社会关系，产生权力效用。

外交话语能力是开展外交话语实践的行为主体的能力，这一行为主体既是作为团体人格的主权国家、又是作为生命个体的外交官。外交能力就其整体而言以主权国家为主体，因为外交能力是国家能力的一部分，反映了国家为实现战略目标制定和执行对外政策、综合运用政策工具的能力。[④] 王逸舟教授指出，国家能力还有意识、精神、思想、意志层面的意涵，表现为人的能动性，因此外交能力也指外交人员维护国家根本利益、促进国家间和平与国际稳定的职业本领和以非暴力方式推进国家间对话与妥协的特殊才干。[⑤] 孙吉胜教授也认为，外交能力体现在外交官的国际交往能力、平衡协调能力、调研能力、危

① 陈嘉映：《简明语言哲学》，中国人民大学出版社 2013 年版，第 15 页。

② Theodor R. Schatzki, “Practice Theory”, in Theodor R. Schatzki, et al., eds., *The Practice Turn in Contemporary Theories*, London: Routledge, 2001, pp.10-23; 袁英：《话语理论的知识谱系及其在中国的流变与重构》，华中师范大学出版社 2013 年版，第 5 页。

③ Raymond Cohen, *International Politics: The Rules of the Game*, New York: Longman, 1981, p.31.

④ 白云真、张旗：《外交能力的概念、方法及其议程》，《中共中央党校（国家行政学院）学报》2022 年第 2 期；凌胜利：《中国外交能力建设：内涵与路径》，《国际问题研究》2022 年第 2 期。

⑤ 王逸舟：《外交能力试析》，《国际关系研究》2023 年第 2 期。

机处理能力、应变能力、斗争能力、应对新媒体等公共外交能力中。① 如法国国际关系社会学家马塞尔·梅勒（Marcel Merle）所言，在承载着国家意志的外交官的话语实践中，政治的世界重生为话语的世界。② 同外交认知、外交决策、外交财政、外交统筹、外交机制建设等其他范畴和维度的外交能力相比，外交话语能力只能在外交官开展的日常外交话语实践中生成和展现。

在话语实践中外显出来的外交话语能力承载着重要的权力意涵，外交话语能力施展的结果是产生话语的权力效用，因此可以从话语权力展演的进程中具体地考察外交话语能力。美国弗吉尼亚大学社会学教授艾萨克·里德（Isaac A. Reed）对话语权力（discursive power）做出如下界定："话语权力指的是，思想范畴、象征和语言规约以及关于世界并用于理解世界的意义模式如何决定了一些行为体控制其他行为体的能力，或在这方面获得更多能力的能力。"③ 可见话语权力实质上是一种能力以及获得更多能力的能力，这也说明话语能力的长短高下体现于话语权力在实践中产生、激活和呈现的"展演"进程中。外交话语能力不是一种内在的、静态的资源、禀赋、素质或潜力，而是被转化为现实行动和成效的能动性，具体体现在四个维度：话语在场的程度、意义建构的成效、以言行事的力度、话语联盟的范围。④

① 孙吉胜：《理论、机制、能力：加强中国外交研究的思考》，《太平洋学报》2020 年第 5 期。

② Marcel Merle, *Sociologie des relations internationales*, 3ème édition, Paris : Edition Dalloz, 1997, p.110.

③ Isaac Ariail Reed, "Power: Relational, Discursive, and Performative Dimensions", *Sociology Theory*, Vol.31, No.3, 2013, pp.193-218.

④ 宗华伟：《联合国教科文组织场域中的话语权力展演研究》，博士学位论文，北京大学 2023 年 5 月，第 39-52 页。

第一，外交话语能力应表现为外交官积极的话语在场状态，以主动作为的态势参与到国际议题和全球治理的谋划、讨论和辩论中，进入议程设置、标准制定、理念引领、共识塑造的国际话语互动进程。有学者指出，中国提升国际话语权首先要有来自中国的声音，避免“失语状态”。[①] 在许多重要外交场合，失语就是一种政治和战略上的缺位，可能导致“被动挨打”。

第二，外交话语能力应表现为外交官能够根据其所处的场域发言叙事，言之有物、言之有理地建构话语意义。这意味着外交官应能够驾驭“外言外语”，以明确、适宜的方式表达话语的意态基调，构建出一个能够与话语对象共享的意义空间。缺乏话语意义建构的能力会导致外交官自说自话、或同其话语对象形成“聋人之间的对话”。“讲好中国故事”“传播好中国声音”等目标对于外交话语能力而言就是要提升其话语意义建构的能力。

第三，外交话语能力应表现为以言行事的力度，即能够延伸到语言和文本之外采取行动、改造世界，使外交话语实践具有相应的实践力度。奥斯汀（J.L. Austin）的言语行动理论指出，话语从来不只是“说说而已”，而是在说话的过程中把已经、正在和将要发生的行动及其物质性后果编织到话语世界中。[②] 外交话语能力的重要内涵和功能就在于把国家的对外行动和资源带入话语交往空间，以实践力度支撑话语内容，在言行结合、言行一致中塑造权力关系。

第四，外交话语能力还应表现为外交官通过发动和组建话

---

① 孙吉胜：《中国国际话语权的塑造与提升路径：以党的十八大以来的中国外交实践为例》，《世界经济与政治》2019 年第 3 期。

② ［英］J.L. 奥斯汀：《如何以言行事：1955 年哈佛大学威廉·詹姆斯讲座》，杨玉成、赵京超译，商务印书馆 2012 年版，第 3—7 页。

语联盟扩大话语影响的能力。外交话语作为“世界舞台”上的实践剧目，不可能局限于“独角戏”的形式，而是要不断参与不同话语的竞争和相似话语的结盟，即把“自己讲”和“别人讲”结合起来。这需要外交官积极开展话语倡议和话语策应，促进话语认同和话语回声，通过广泛灵活的话语联盟推进有利于己的国际共识，把特定的话语意义转化为被普遍接受的社会现实。

联合国前秘书长科菲·安南（Kofi A. Annan）曾说，能力（competencies）提供了让（一个组织、团队或事业中的）人们探讨如何专业地、出色地完成职业目标的共同语言。[①] 在话语实践中展现出的外交话语能力也是各国外交官从事这一国际职业、维护国家利益的同时也维护国际和平的共同语言。外交话语能力的分析框架应以外交话语的在场实践、意义实践、行事实践和联盟实践等维度为主体。外交话语能力的来源虽然并非本文探讨的对象，但必须指出，外交话语能力必然根植于外交官对本国核心价值理念与国际秩序观的认同，对世界和平理想与人类共同价值的追求，对国际关系知识和全球治理议题的稔熟，对国际法律和议事规则的掌握，在语言、历史、文化、艺术等方面的人文素养以及对多元文化环境的适应和跨文化交流技能等。同时，外交话语能力也离不开国家总体的外交布局，不能同其他维度的外交能力割裂开单独发挥作用，而需要从体系性、制度性的安排中获得政策指引、实践历练与资源供给。因此，可以把外交话语能力视为一种树状结构的框架，根茎部分为滋养塑造能力的理念、价值、知识、技能等，枝干部分为特定场域中外显的、具有话语权力效用的话语实践，表现为话

① United Nations, “United Nations Competencies for the Future,” https://careers.un.org/lbw/attachments/competencies_booklet_en.pdf.

语的在场实践、意义实践、行事实践和联盟实践，外部环境是国家整体的外交体制机制、政策资源、能力框架等（参见图1）。

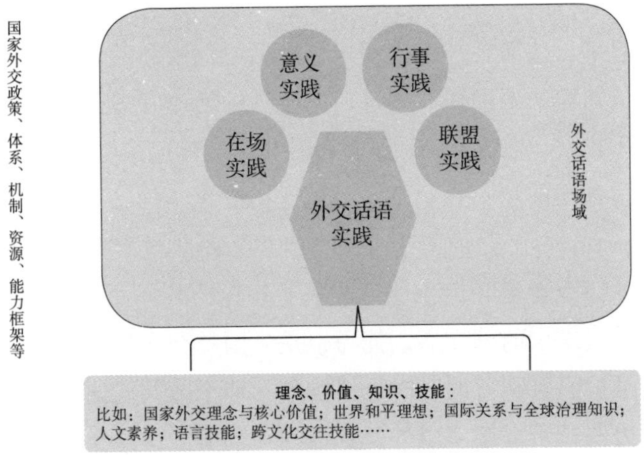

图1　外交话语能力框架

资料来源：笔者自制。

二　中国的外交话语能力提升：增强话语在场的程度

中国近年来积极推进有自身特色的大国外交，在以联合国为中心的全球治理体系中发挥着日益提升的重要作用。联合国教科文组织是首个主动邀请新中国恢复合法席位的联合国专门机构。中国自1971年恢复合法席位以来不断深化在该组织的参与实践，自1995年以来一直担任执行局委员，进入21世纪后相继设立了援助非洲教育和《信使》复刊的信托基金、女童和妇女教育奖、丝绸之路青年学者资助计划等项目，会费分摊比额快速增长，2018年成为联合国教科文组织会费第一大摊款国。

联合国教科文组织每双年度举行1届成员国大会和5届执

行局常会，从 2018 年至 2022 年召开了 2 届成员国大会、10 届审议业务议题的执行局常会和 1 届执行局特别会议。[①] 中国在这 5 年历届成员国大会和执行局会议中展现出日益提升的外交话语能力，主要表现为 2020 年新冠疫情暴发后中国的话语在场程度不降反升。本文所用的研究文本素材来自联合国教科文组织定期发布的成员国大会、执行局会议记录，包括大会和执行局全体会议的逐字记录和大会下设分议题委员会的简要辩论记录，可在该组织官方网站文献库（UNESDOC）中公开获取。

就成员国大会而言，中国在 2019 年第 40 届大会作全会发言以及参与各委员会辩论发言共 21 次，排名第 8 位；在 2021 年第 41 届大会发言和辩论共 24 次，排名与英国、俄罗斯并列第一。就执行局来看，2018—2019 年双年度的四届执行局会议中，中国共作全会发言 7 次，在 18 个连选连任的执行局委员国中排名第 9 位，发言活跃程度不及俄罗斯（18 次）、法国（15 次）、埃及（13 次）、巴西（12 次）、日本（12 次）、圣卢西亚（11 次）、印度（10 次）、菲律宾（9 次）、土耳其（9 次）、肯尼亚（8 次）与格林纳达（8 次）。在 2020—2021 年双年度的四届执行局会议中，中国的全会发言增至 20 次，排名第 3 位，仅次于俄罗斯（45 次）、法国（32 次）、圣卢西亚（32 次）；在 2022 年的两届常会及一届特别会议中，中国全会发言共 8 次，排名第 3 位，仅次于俄罗斯（21 次）和日本（9 次）。2020—2022 年中国在执行局全会的话语在

① 联合国教科文组织 2018 年至 2022 年共召开了两次大会，即 2019 年第 40 届大会和 2021 年第 41 届大会。每个双年度召开 5 届执行局会议，一般为每年春季和秋季各一届常会，召开成员国大会当年举行三届执行局会议，其中第三届会议专门用于进行执行局内设机构选举，不审议业务议题，故不在本文研究范围内。2018 年至 2022 年审议业务议题的执行局共 11 届，为第 204 届、205 届、206 届、207 届、209 届、210 届、211 届、212 届、214 届、215 届常会和第 7 届特别会议。

场程度大幅提升，可与俄罗斯、法国、圣卢西亚、日本一起归为话语实践最活跃的 5 个国家（参见图 2）。

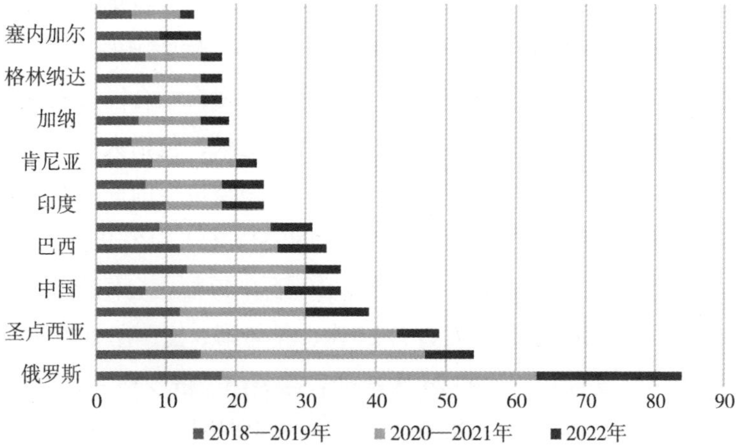

图 2　2018—2022 年执行局委员国全会发言次数

资料来源：笔者根据执行局会议记录自制。

中国话语在场性增强不仅体现为发言和辩论频次的增加，而且体现在参与话语议题范围的扩展。2018 年第 204 届和第 205 届执行局会议上，中国分别只有一次全会发言，即做总政策辩论，这也是执行局委员的“规定动作”。2019 年第 206 届执行局会议，中国在总政策辩论之外所作的全会发言是就巴黎圣母院世界文化遗产遭受火灾向法国政府和人民表达同情，支持意大利的提议，由执行局发表一项支持修复巴黎圣母院的集体声明。① 同年第 207 届执行局会议上，中国除总政策辩论之外作了两次全会发言，一是在“公约与建议委员会（Committee

① UNESCO, “Summary Records of the 206th Session of the Executive Board of UNESCO, 206EX/SR.1-7”, https://unesdoc.unesco.org/ark:/48223/pf0000369161.

of Conventions and Recommendations）工作方法和程序反思”议题通过报告后，中国常驻代表发言希望该委员会在履行人权个案来函审议职责时避免政治化、摒弃偏见与固化思维；二是在特别委员会（Special Committee）主席宣布无法对议题21、即涉及执行局委员任期限制的治理机构改革作出共识性决定后，中国常驻代表对这一结果表示遗憾，强调“协商一致”原则应成为推进治理改革的基础，呼吁成员国为维护协商一致和团结合作而努力。①

2020—2022年第209届至第215届执行局会议上，中国除总政策辩论外还就业务项目、工作程序、治理方式等多项议题参与发言和辩论。一是积极谋划联合国教科文组织一类机构国际教育局（IBE）的未来安排。这一议题在进入全体会议之前已在执行局下设的财务管理与计划项目联席会议上进行了长时间辩论，中国仍在全体会议场合积极发声，强化立场态度。中国常驻代表在第209届会议表示国际教育局遭遇财务危机和发展困境令人痛心，中国作为本组织创始成员国和积极贡献者，愿同各方共同努力重振国际教育局，希望中方提议设立的专门工作组将提出国际教育局未来发展的可行方案。②在第210届执行局会议上，瑞士、法国、德国、西班牙等欧洲国家与中国在国际教育局议题上形成较大分歧，最终全体会议决定由相关方继续协商并推迟到下一届会议审议。中国在全会发言表示欢迎这一决定，强调中方在辩论过程中展示了最大诚意并屡次修

① UNESCO, “Summary Records of the 207th Session of the Executive Board of UNESCO, 207EX/SR.1-6”, https://unesdoc.unesco.org/ark:/48223/pf0000372538.

② UNESCO, “Summary Records of the 209th Session of the Executive Board of UNESCO, 209EX/SR.1-6”, https://unesdoc.unesco.org/ark:/48223/pf0000374543.

改自己的建议，愿继续通过协商找到建设性和创造性支持国际教育局发展的方案。[①] 第 211 届执行局会议通过了各方达成共识的决定，维持国际教育局现有职能与架构并由法国、德国、瑞士和冰岛提供额外资助，同时积极考虑在中国上海建立一个新的一类机构。[②] 这一决定为 2023 年联合国教科文组织批准在中国上海新设立一个国际科学、技术、工程与数学教育研究所（IISTEM）奠定了基础。

二是为联合国教科文组织在新冠疫情下调整工作模式建言献策。第 210 届执行局会议受疫情影响被迫改为 2020 年 12 月和 2021 年 1 月分两阶段、通过线上线下结合方式举行。第一阶段会议临近结束、执行局主席准备通过各委员会报告及决定时，西班牙和法国提出程序质询，认为本届会议尚未真正结束、须待第二阶段会议完成后再一揽子通过决定。该动议引起全会激烈辩论并致使会议多次中断和推迟。中国两次发言呼应执行局主席倡议，指出执行局在疫情带来的巨大困难下创造性地开展工作并形成了一系列来之不易的共识和决定，应采取务实态度、充分利用有限的时间和资源，排除干扰、适时做出决定。[③] 在第二阶段会议中，中国多次发言支持执行局主席提出的区分不同议题、采取线上和线下讨论的方法，主张对于必须线下讨论的敏感议题持灵活态度、根据疫情形势变化确定具体日期。中方发言同俄罗斯、古巴等国形成积极的相互策应，帮助执行局

---

① UNESCO, “Summary Records of the 210th Session of the Executive Board of UNESCO, 210EX/SR.1-9”, https://unesdoc.unesco.org/ark:/48223/pf0000376939.

② UNESCO, “Decisions adopted by the Executive Board at its 211th Session”, https://unesdoc.unesco.org/ark:/48223/pf0000377290.

③ UNESCO, “Summary Records of the 210th Session of the Executive Board of UNESCO, 210EX/SR.1-9”, https://unesdoc.unesco.org/ark:/48223/pf0000376939.

形成共识、顺利推进工作。

三是主动参与成员国大会的日程设定与议题筹备。2021 年的第 211 届和第 212 届执行局会议须为两年一度的成员国大会做准备工作。在难以确定能否恢复线下举办大会而形成长时间辩论僵局的情况下，中国常驻代表发言协调不同国家观点，指出第 41 届大会应如期举办是各方共识，呼吁支持土耳其和瑞士提出的建议，尽快成立非正式工作小组专门梳理疫情形势下举办大会的工作方法问题，随后召开一次特别会议做出决定并对相关细节进行明确规划，强调工作组应由各地区组代表组成、注重地域平衡性。[①]针对各方激烈辩论的大会青年论坛筹备议题，中国发言指出各方争论的焦点在于如何遴选参加青年论坛的代表，建议由各国全委会与联合国教科文组织秘书处合作来选择代表。[②]对于秘书处提出的在第 41 届大会日程上新增一项关于促进文化公约法典化的议题，中国策应俄罗斯发言，提出"形成法典"这一概念从未出现在以往的大会决议中，请秘书处就这一概念和目前已开展的磋商情况做介绍。[③]

四是着力加强同总干事和执行局主席的话语互动。一般而言，各国都会在总政策辩论中向总干事和执行局主席礼节性致意并对其工作发表原则性意见，中国在 2020—2022 年的执行局会议上主动创设了更多与其话语互动的机会。第 211 届执行局会议上，奥德蕾・阿祖莱（Audrey Azoulay）总干事寻求连任

① UNESCO, "Summary Records of the 211th Session of the Executive Board of UNESCO, 211EX/SR.1-7," https://unesdoc.unesco.org/ark:/48223/pf0000378324.

② UNESCO, "Summary Records of the 211th Session of the Executive Board of UNESCO, 211EX/SR.1-7", https://unesdoc.unesco.org/ark:/48223/pf0000378324.

③ UNESCO, "Summary Records of the 212th Session of the Executive Board of UNESCO, 212EX/SR.1-7", https://unesdoc.unesco.org/ark:/48223/pf0000380371.

并作为下任总干事唯一候选人参加公开答辩。中国是在六个地区组代表轮流提问后继续要求以国别名义发言的国家之一。中国常驻代表肯定总干事第一个任期内推进战略性变革所取得的积极影响，表示希望总干事在第二个任期内围绕新的战略重点进一步提高本组织业务能力和影响力。[①]第 212 届执行局会议总干事对各国总政策辩论所提事项和问题进行回应后，中国要求发言进一步提问，请总干事介绍准备举办哪些活动纪念联合国教科文组织成立 75 周年，以鼓舞士气、展望未来。[②]在第 212 届执行局会议临近结束环节，中国发言对即将届满离任的赤道几内亚籍执行局主席表达致意和感谢，回顾执行局主席在过去两年克服疫情挑战领导执行局完成使命的经历并通过列举细节表达赞赏。[③]在第 215 届执行局会议，中国常驻代表专门发言肯定塞尔维亚籍执行局主席倡导的会前磋商与筹备机制，赞赏这一工作方法促进了执行局的效率和共识。[④]

五是使用程序性权利发言或就程序性问题发言。在第 214 届执行局会议，中国在各国进行总政策辩论过程中要求根据《议事规则》第 33 条行使“答辩权”（right of reply）发言，对法国在总政策辩论中将中俄两国的财务贡献与欧盟国家总额进行对比的做法表示不满，指出这样的比较无助于本组织团结，

---

① UNESCO, “Summary Records of the 211th Session of the Executive Board of UNESCO, 211EX/SR.1-7”, https://unesdoc.unesco.org/ark:/48223/pf0000378324.

② UNESCO, “Summary Records of the 212th Session of the Executive Board of UNESCO, 212EX/SR.1-7”, https://unesdoc.unesco.org/ark:/48223/pf0000380371.

③ UNESCO, “Summary Records of the 212th Session of the Executive Board of UNESCO, 212EX/SR.1-7”, https://unesdoc.unesco.org/ark:/48223/pf0000380371.

④ UNESCO, “Summary Records of the 215th Session of the Executive Board of UNESCO, 215EX/SR.1-6”, https://unesdoc.unesco.org/ark:/48223/pf0000384266.

希望各方践行真正的多边主义，不要搞“小圈子”，不要破坏团结合作。[①] 在第七届特别会议上，法国提出程序质询否认俄罗斯修正案为“修正案”而要求将其视为“新提案”，中国发言指出会议面临非常严肃的程序问题，一项修正案忽然不再被认为是修正案，显然是在剥夺会员国修改建议的权利。[②]

2018—2022 年，中国的话语在场实践发生显著变化，从仅作总政策辩论的规定性、一般性发言到深入执行局各方面职责领域中广泛参与讨论，从仅就直接关切自身利益的人权、选举议题表态扩展至为执行局整体运行以及本组织未来发展贡献智慧和方案，从较少同其他话语者关联呼应到同多个利益相关方积极互动。尽管疫情普遍影响各国对联合国教科文组织工作的参与，但中国通过常驻外交使团积极有为的话语在场实践展示了践行真正多边主义的负责任大国形象，维护了中国在运筹申办国际机构等问题上的现实利益，而且提升了各方对中国的期待和倚重，展示了不断提升的外交话语能力。同时，中国在话语意义实践、话语行事实践和话语联盟实践方面还有需要向其他国家学习借鉴并进一步努力提升。法国和日本在联合国教科文组织不仅有较为积极活跃的话语在场状态，而且注重开展话语意义建构、进行以言行事、组建话语联盟，展示出各具特色和特长的外交话语能力。

① UNESCO, “Summary Records of the 214th Session of the Executive Board of UNESCO, 214EX/SR.1-5”, https://unesdoc.unesco.org/ark:/48223/pf0000382260.

② UNESCO, “Summary Records of the 7th Extraordinary Session of the Executive Board of UNESCO, 7X EX/SR.1-3”, https://unesdoc.unesco.org/ark:/48223/pf0000381847.

三 法国的外交话语能力特色：积极承担话语领袖角色

法国是联合国教科文组织东道国，在该组织秘书处中拥有数量最多的职员，包括现任行政首长总干事阿祖莱也来自法国。[①]尽管有这些“优势”，法国常驻联合国教科文组织代表团在开展外交话语实践方面仍然“当仁不让”，多年保持积极的话语在场状态。法国在第 40 届成员国大会共有 44 次发言，包括在全体会议上发言 5 次，在大会下设的法律、计划、教育、科学、文化、信息传播等分议题委员会上参与辩论发言 39 次，发言次数位居各国之首。法国在第 41 届成员国大会共有 26 次发言，包括全体会议上发言 3 次和分议题委员会发言 23 次，排名第二，仅次于总数并列第一的中国、俄罗斯和英国。从 2018 年至 2022 年的执行局会议上，法国在全体会议上的发言共计 54 次，发言次数在 18 个连选连任执行局委员的国家中位居第二。而且，法国在涉及该组织制度性安排和重大政治性议题上开展主动的话语意义建构，组建立场相近者的话语联盟，积极扮演话语领袖角色。

① 根据联合国教科文组织 2023 年 7 月的人力资源数据，该组织秘书处 2443 名职员中，有 417 名法国籍职员。其中，法国占地理配额的职员有 57 人，亦居于各国之首。参见 UNESCO, “Follow-up to decisions and resolutions adopted by the Executive Board and the General Conference at their previous sessions, Part Ⅳ: Human Resources issues B. Report on the geographical distribution and gender balance of the staff of the Secretariat and on the implementation of the measures taken to redress any imbalance, 217 EX/4.Ⅳ.B”, https://unesdoc.unesco.org/ark:/48223/pf0000386792_eng.

（一）《组织法》修正案的反向意义诠释

在第40届成员国大会上，菲律宾、新西兰、北欧国家等36国提出一项关于修订《组织法》第五条的修正案，要求把“执行局委员可连选连任”改为“执行局委员连任两届后不可立即连选”，应间隔两年后再参选。① 这是对联合国教科文组织治理模式的根本性变革，意味着执行局委员将由自由选举产生改为法定轮换。修正案建构了一项对许多中小国家具有吸引力的话语意义，即通过限制执行局委员任期、实行法定轮换来纠正执行局代表性不均衡的状况，解决中小国家因外交资源有限而难以通过竞选获得执行局委员席位的问题。这项改革已于至少四年前开始酝酿并得到了第39届成员国大会的原则认可（endorsement），具有法理依据。② 一旦第40届成员国大会通过修正案，中国、俄罗斯、巴西、法国、日本等长期连选连任执行局委员的“少数大国”将定期自动失去参选资格而无法参与联合国教科文组织的日常治理。但他们很难正面反驳修正案关于改善治理机构代表性和平衡性的论据，多数国家从要维护协商共识、不得强推争议议题、不得仓促做决定等角度阐发立场，主张推迟审议修正案。

法国也主张推迟审议修正案，但其常驻代表发言并不以需要更多时间对话协商为主要论据，而是正面指出修正案给联合

---

① UNESCO, “Draft Amendment to Article V of the Constitution, 40C/PLEN/DR.1”, https://unesdoc.unesco.org/ark:/48223/pf0000371416.

② UNESCO, “39C/Resolution 87 Governance, Procedures and Working Methods of the Governing Bodies of UNESCO”, http://wayback.archive-it.org/10611/20181129023320/https://en.unesco.org/sites/default/files/39c-res87-governance-eng.pdf.

国教科文组织运行发展带来的诸多困难和问题。[①] 第一，限制执行局委员任期将破坏联合国教科文组织以及联合国体系内通行的治理原则和实践惯例。法国指出，联合国教科文组织执行局设立地区组并按地区组进行一国一票的公平自由选举，这是维护主权国家权利与本组织治理机关代表性的基本原则，联合国系统也不存在禁止或限制成员国选举治理机关成员的原则或实践。分地区组进行选举已经以最合理、最有效的方式确保了联合国教科文组织治理机关的代表性与均衡性，193 个成员国中有 58 个国家能够当选执行局委员，这一比例远高于其他联合国专门机构。第二，限制执行局委员任期的《组织法》修正案给本届大会提出了工作程序问题。第 39 届成员国大会原则认可的“制定一般性规定来限制执行局委员任期”的建议是一项鼓励性决定而不是强制性决定，而菲律宾等国要求修订《组织法》的修正案是一种强制性决定，因此不能被视为第 39 届成员国大会认可原则的具体落实或延伸，而应被视为一项新动议，需要启动新的磋商程序。如果未经充分磋商而急于决策，会违反《改善治理机构及其工作方法和程序的建议》第 134 段关于对推进落实建议需要充分磋商的决定。第三，限制执行局委员任期给全体成员国带来不可回避的法律问题。通过修订《组织法》限制执行局委员任期带来的国际法后果是给成员国创设了新的义务，即定期失去或放弃选举资格的义务。根据《组织法》规定，给成员国创设的新义务需要由 2/3 以上成员国履行国内批准程序，这也是联合国机构的通行做法。第四，还应考虑修正案及

① UNESCO, “Records of the 40th Session of the General Conference of UNESCO, Vol.2, Proceedings of the General Conference”, https://unesdoc.unesco.org/ark:/48223/pf0000376703/PDF/376703mul.pdf.multi.

其改革的时机问题。联合国教科文组织正处于需要集中精力和资源克服财务困难、推进战略转型的重要时期，任何治理改革都不应削弱成员国团结共识、损害该组织的稳定与发展。修正案的强争议性必然削弱和损害联合国教科文组织，因此应以更为审慎、冷静的态度开展治理机构改革，找到对本组织发展最有利的集体行动方案。

法国常驻代表的发言打破了修正案建构的意义和逻辑框架，提供了竞争性、替代性的话语意义，即修正案并不能维护或促进联合国教科文组织的治理机构代表性，反而破坏了本组织既有的治理原则，违反了联合国体系内专门机构的通行做法，不符合第 39 届成员国大会决定精神，创设了新的国际法义务和国际法问题，而且不利于联合国教科文组织聚焦当前改革重点，损害成员国团结和组织集体利益。在发言反对通过修正案、赞同推迟审议的 29 个国家中，法国以较有针对性、较为全面系统的方式阐述了反对立场，超越了“争取更多时间对话协商”的技术层面理由，使接下来提出的“将修正案推迟到下一届大会审议”的动议具有了更为坚实、合理的论据，有力回击了对“少数大国”为推迟而推迟、故意拖延决策的指责。法国的充分说理和反向意义诠释使“少数大国”从被动应变转为主动迎战，从维护联合国教科文组织原则、传统、法理和现实发展需求的角度，同修正案支持方展开话语意义之争，最终第 40 届成员国大会以 72 票赞成、58 票反对、34 票弃权的结果通过了推迟审议修正案的决定。[①]

---

① UNESCO, “40C/Resolution 82, adopted at the 13th plenary meeting, on 21 November 2019”, https://unesdoc.unesco.org/ark:/48223/pf0000372579.

（二）“谴责俄罗斯”的话语联盟领导者

2022 年俄乌冲突爆发后，联合国教科文组织根据法国、德国、日本等 19 个执行局委员国要求召开执行局第七届特别会议，审查乌克兰当前局势对该组织各职责领域工作的影响。[①] 法国常驻代表在执行局主席和总干事的开场介绍后率先要求发言，陈述俄罗斯对乌克兰“侵略战争”的严重影响，建构这场战争违反国际法、违反本组织宗旨使命、已造成严重后果且责任全在俄罗斯一方的话语意义，引领“谴责俄罗斯”的话语联盟。

法国常驻代表首先指出，联合国大会已认定俄罗斯对乌克兰的侵略违反了《联合国宪章》第 2 条第 4 款，对其“以最强烈措辞表示谴责”，并要求俄罗斯立即停止使用武力；联合国人权理事会已决定建立一个独立的国际委员会就战争中的乌克兰人权状况进行调查；联合国教科文组织也应该“承担责任”，因为《组织法》第一条指明本组织的使命在于“促进维持和平与安全”，而俄方在冲突中的大肆破坏使本组织无法履行职责使命。[②]

法国随后列举了俄乌冲突在教育、信息传播、文化遗产保护领域中造成的后果与影响。在教育领域，乌克兰境内多所教育机构在枪击或爆炸中受到破坏，哈尔科夫和马里乌波尔的多

---

① 19 个要求召开执行局特别会议的执行局委员国包括：奥地利、库克群岛、法国、德国、格林纳达、海地、匈牙利、冰岛、意大利、日本、立陶宛、墨西哥、荷兰、波兰、韩国、圣卢西亚、西班牙、瑞士、土耳其。根据联合国教科文组织执行局议事规则，应 6 个及以上执行局委员要求即可召开特别会议。参见 UNESCO, “Provisional Agenda of the 7th Extraordinary Session of the Executive Board”, https://unesdoc.unesco.org/ark:/48223/pf0000380826.

② UNESCO, “Summary Records of the 7th Extraordinary Session of the Executive Board of UNESCO, 7X EX/SR.1-3”, https://unesdoc.unesco.org/ark:/48223/pf0000381847.

所大学被毁，已有学生丧生，更有大量各学段的学生被迫中断学业，逃难至周边国家的学生将不得不进入陌生的语言环境和教育体系，学习质量难以保障，心理创伤更为深远。在信息传播领域，俄罗斯对基辅电视塔的轰炸是对信息和言论自由的公然、蓄意侵犯，新闻工作者无法正常开展工作，记者成为侵略者攻击的目标，已有记者在报道中丧生。在文化遗产保护方面，普里马琴科美术馆已化为废墟，联合国教科文组织创意城市、世界遗产《预备名录》中的乌克兰古城哈尔科夫历史城区遭到重大破坏，已列入《世界遗产名录》的基辅和利沃夫的文化遗产也面临直接威胁。

法国进而提出，维护和有效开展联合国教科文组织业务的根本途径是“尽快制止这场不正义的、也无法被证明合理的武装侵略”。法国呼吁执行局通过由 61 个国家联签的决定草案（draft decision），“以最强烈措辞谴责俄罗斯对乌克兰的侵略”，认定俄罗斯违反了联合国教科文组织《组织法》第一条的规定，要求俄罗斯立即停止对教师、学生、艺术家、新闻记者以及乌克兰文化遗产等的暴力攻击和伤害，要求联合国教科文组织对乌克兰境内相关业务领域状况开展全面监测，建立紧急援助机制并向执行局报告进展。[①] 法国牵头提出的决定草案意在对俄罗斯进行“政治定性”，进而对其进行政治谴责、施加政治压力，服务于法国和欧盟在这一国际政治事件中的立场和目的。

法国发言后，库克群岛、西班牙、冰岛、德国、阿根廷、意大利、日本、土耳其、智利、瑞士、立陶宛、贝宁、墨西哥、奥地利、波兰、荷兰、菲律宾、巴拉圭、海地、多米尼加、乌

---

① UNESCO, “The current situation in Ukraine in all aspects of UNESCO’s mandate, 7 X/EX/DR.2.1 Corr.”, https://unesdoc.unesco.org/ark:/48223/pf0000380872.

拉圭、匈牙利、圣卢西亚、加纳共24个执行局委员国和比利时、爱尔兰、罗马尼亚、希腊、英国、斯洛伐克、厄瓜多尔、加拿大、捷克、澳大利亚、摩尔多瓦、爱沙尼亚、拉脱维亚、斯洛文尼亚、新西兰、危地马拉、克罗地亚及欧盟共18个观察员发言明确表达对俄罗斯的"谴责"，从不同角度阐述"谴责"的正义性和必要性，采取了与法国一致的话语基调。[①] 俄罗斯发言采取了与法国相反的话语基调，指责西方政治化利用联合国教科文组织，使其超越职责范围，为指控和排斥某个成员国的政治目的服务。中国、巴西、印度、吉尔吉斯斯坦、科威特、吉布提、南非、肯尼亚、泰国和越南共10个执行局委员国未使用"谴责""侵略"等表述，在发言中呼吁通过对话解决分歧，希望本组织聚焦职责范围，以平等、无歧视的方式促进冲突中的人权保护。法国引领的"谴责俄罗斯"话语联盟在一般性辩论环节形成显著的话语优势。

进入决定草案审议环节后，俄罗斯对法国牵头的决定草案提出了修正案，对援引联合国安理会决议以及涉及领土、安全等内容进行了大幅删改，理由是这些政治性内容超出了联合国教科文组织的职责范围。根据执行局议事规则，修正案应先于决定草案审议。但是，法国提出程序质询（point of order），指出俄罗斯修正案对决定草案的修改太多，已不能再被视为一份修正案（amendment），而是一项新提案（proposal），根据新提案应被置于决定草案之后审议的规则，俄罗斯"修正案"应被

① UNESCO, "Summary Records of the 7th Extraordinary Session of the Executive Board of UNESCO, 7X EX/SR.1-3", https://unesdoc.unesco.org/ark:/48223/pf0000381847.

置于法国决定草案之后审议。[①] 这实际上使俄罗斯的意见不再有机会被讨论，被排除在决策程序之外。法国的程序动议得到了日本、奥地利、波兰、意大利、西班牙的附议，进而以 29 票对 3 票的结果否决了俄罗斯修正案的“修正案”性质。执行局最终通过了以“谴责俄罗斯侵略”为主要基调和内容的决定。法国在立场性发言、决定草案内容以及程序动议方面挑头扛旗，通过有效开展话语联盟实践实现了其参会目的。

四　日本的外交话语能力特色：彰显行动支持与贡献

日本在第二次世界大战后加入的第一个联合国机构是联合国教科文组织，长期为该组织可持续发展教育、非物质文化遗产、世界遗产、自然灾害预防、人工智能伦理等项目和活动提供资金支持。[②] 日本在大会和执行局中也有较为积极的话语在场状态，在第40届和第41届大会分别有16次和18次全会发言，在成员国中排名第 6 位和第 11 位。日本在 2018—2019 年双年度执行局全会发言 12 次，在 2020—2021 年双年度执行局全会发言 18 次，在 2022 年两届执行局常会和一届特别会议全会发言 9 次，5 年共计 39 次全会发言，于俄罗斯、法国和圣卢西亚之后排名第四。与法国注重建构话语意义、组建话语联盟的特点不同，日本在联合国教科文组织注重开展外交话语的行事实

① UNESCO, “Summary Records of the 7th Extraordinary Session of the Executive Board of UNESCO, 7X EX/SR.1-3”, https://unesdoc.unesco.org/ark:/48223/pf0000381847.

② Ministry of Foreign Affairs of Japan, “Cooperation with International Organizations (UNESCO, UNU)”, https://www.mofa.go.jp/policy/culture/coop/unesco/outline.html.

践，强调其支持和资助的实际行动，彰显话语的以言行事效果。

（一）话语中的行动贡献与承诺

在2018—2022年历届大会和执行局的总政策辩论中，日本的发言文本都使用了较多的施行式语句，即语句功能不在于描述状态和记述事实，而在于开展言语行为，通过语言符号引入已经、正在或即将在现实世界中所做的事情。[①] 比如，“日本将为促进非洲、亚洲和其他地区实施‘教育的未来’倡议提供资金支持”，这一施行式语句的重心是“提供资金支持”的行动，而不仅仅是言说某种意义。[②]

日本通过施行式语句体现其对联合国教科文组织具体业务事项的支持、贡献与承诺。这些施行式语句在语法上分为完成时、进行时和将来时三种时态，分别体现了日本已经开展的、正在考虑或计划的以及承诺将开展的行动。比如，日本常驻代表在第211届执行局会议总政策辩论发言中表示，“日本政府上个月决定为联合国教科文组织提供总额达410万美元的捐款，用于支持包括在尼日利亚促进妇女教育和在萨摩亚开展远程教育的7个项目”。[③] 日本通过在话语中回溯这一已经发生的行动，为其“支持非洲和性别平等两大全球优先事项以及小岛屿发展中国家、青年等优先群体”的一般性表态增添了实践力度。在

---

① 奥斯汀在其言语行为理论中区分了记述式话语和施行式话语，参见[英] J.L. 奥斯汀：《如何以言行事：1955年哈佛大学威廉·詹姆斯讲座》，杨玉成、赵京超译，商务印书馆2012年版，第3—7页。

② UNESCO, “Records of the 40th Session of the General Conference of UNESCO, Vol.2, Proceedings of the General Conference”, https://unesdoc.unesco.org/ark:/48223/pf0000376703/PDF/376703mul.pdf.multi.

③ UNESCO, “Summary Records of the 211th Session of the Executive Board of UNESCO, 211EX/SR.1-7”, https://unesdoc.unesco.org/ark:/48223/pf0000378324.

第212届执行局会议上，日本在表达联签支持关于阿富汗的新议题时指出，“日本在过去20年向阿富汗提供了70亿美元的支持，而且资助了联合国教科文组织在阿富汗开展的女童教育项目和修复巴米扬山谷世界遗产项目”。① 这使之区别于多数联签国仅强调阿富汗形势紧急性和本组织使命重要性的话语表述方式，展示了日本作为“负责任成员国”和“实际支持者”推动联合国教科文组织履行使命的形象。

在阿祖莱总干事成功连任后的第214届执行局会议上，日本常驻代表表示“将会很快设立一项新的日本信托基金项目（JFIT），帮助非洲和小岛屿发展中国家落实《人工智能伦理建议书》”“宣布将为乌克兰文化遗产监测与修复提供一笔新的资助”“将作为《保护非物质文化遗产公约》特设工作组主席加大力度推动公约规则反思与修订”“将支持联合国海洋十年开展一项关于宣传与外联的新项目”“将继续支持举办教育变革峰会的行动与努力”。② 通过这些扩展到未来时间向度的言语行为，日本不仅强化了其支持总干事开启第二个任期、实施新的中期战略和双年度计划的原则立场，而且使其“联合国教科文组织坚定支持者和主要贡献者”的自我角色界定有了具体内容支撑，塑造了话语对象、即其他执行局委员国和秘书处对日本未来行动和角色的期待。

对于一些刚刚启动或尚未开展具体支持行动的项目，日本也注重使用施行式语句，强调其正在积极考虑或探索合作。在

① UNESCO, “Summary Records of the 212th Session of the Executive Board of UNESCO, 212EX/SR.1-7”, https://unesdoc.unesco.org/ark:/48223/pf0000380371.

② UNESCO, “Summary Records of the 214th Session of the Executive Board of UNESCO, 214EX/SR.1-5”, https://unesdoc.unesco.org/ark:/48223/pf0000382260.

2018 年阿祖莱当选总干事后举行的首届执行局会议上，日本在总政策辩论发言中表示欢迎总干事在文化遗产保护领域提出的“重振摩苏尔精神”新倡议，“正在探索为这一新的旗舰项目做贡献的具体途径”。[①] 在同年秋季的执行局会议上，日本继续重申对总干事新倡议的支持，表示“目前正在考虑可能的合作方式”。[②]《人工智能伦理建议书》通过后，日本在第 214 届执行局会议上表示“正在考虑举办一项活动，通过‘之友小组’（a Group of Friends）的形式加快推动《人工智能伦理建议书》实施”。[③] 第 214 届执行局会议正值俄乌冲突爆发不久，日本表示“面对乌克兰当前局势，我们正在考虑为联合国教科文组织相关领域项目提供支持，比如保护文化遗产，向接纳难民的乌克兰邻国提供信息传播技术援助”。[④] 这些施行式语句虽未提及具体的行动贡献，但展示出日本“积极贡献”的意愿和状态，能够有效吸引话语对象的关注，塑造其对日本未来行动承诺的期待与信心。

（二）连贯一致的话语行事实践

日本在成员国大会和执行局会议总政策辩论中的“以言行事”具有很强的连续性，在历时 5 年的两届大会和 10 届执行局常会所阐述的重点行动领域保持稳定和连贯一致。教育领域，

① UNESCO, “Summary Records of the 204th Session of the Executive Board of UNESCO, 204EX/SR.1-6”, https://unesdoc.unesco.org/ark:/48223/pf0000265349.

② UNESCO, “Summary Records of the 205th Session of the Executive Board of UNESCO, 204EX/SR.1-6”, https://unesdoc.unesco.org/ark:/48223/pf0000265349.

③ UNESCO, “Summary Records of the 214th Session of the Executive Board of UNESCO, 214EX/SR.1-5”, https://unesdoc.unesco.org/ark:/48223/pf0000382260.

④ UNESCO, “Summary Records of the 214th Session of the Executive Board of UNESCO, 214EX/SR.1-5”, https://unesdoc.unesco.org/ark:/48223/pf0000382260.

日本支持的重点是其于21世纪初倡议发起并长期资助的可持续发展教育项目（ESD）。[①] 日本在第204届执行局会议提交决定草案要求建立2019年后的可持续发展教育新计划；在第205届执行局会议承诺新计划通过后将承办一次全球性会议；在第206届执行局会议提出将在担任二十国集团轮值主席国期间同联合国教科文组织合作举办可持续发展教育边会，发布新的可持续发展教育计划；在第207届执行局会议表示已举办二十国集团会议框架下的可持续发展教育边会以及一场面向公众宣传可持续发展教育新计划的活动；在第209届执行局会议宣布将向成员国大会通过的“2030年可持续发展教育”项目提供资金支持；在第210届执行局会议表示将通过日本信托基金（JFIT）支持推进可持续发展教育的国别行动计划；在第211届执行局会议表示日本的自愿捐款将继续聚焦可持续发展教育；在第212届执行局会议提出将和德国一起向第41届成员国大会提交关于推进可持续发展教育的新议题；在第214届执行局会议表示将发挥领导作用推进落实第41届成员国大会通过的可持续发展教育决议；在第215届执行局会议表示在联合国教育变革峰会期间倡议并支持举办了可持续发展教育边会，并同英国合作发起了“绿色教育伙伴关系计划”。

文化领域，日本将落实《保护世界文化和自然遗产公约》、落实《保护非物质文化遗产公约》以及在自然灾害、战争冲突等紧急状况下保护各类遗产列为其支持和贡献行动的三条主

① 苑大勇、王煦：《从国际理念到本土实践：可持续发展教育的“日本模式”解析》,《比较教育研究》2023年第2期。

线。[①] 在第 204 届和第 205 届执行局会议上，日本表示将以具体合作项目支持“重振摩苏尔精神”倡议，修复和保护伊拉克文化遗产。从第 205 届至第 215 届执行局会议，日本每次都会就《保护非物质文化遗产公约》实施规则修订发言，阐述其作为公约创始国、主要资助方以及工作组主席的支持行动，比如举办多次专家会，为评估反思工作机制提供资助等。在新冠疫情暴发后召开的第 209 届执行局会议，日本宣布将率先为支持艺术家、艺术场所及从业人员的“坚韧艺术（ResiliArt）”项目提供资助，此后在每届执行局会议以及第 41 届大会上阐述其行动进展，比如津巴布韦的女性艺术家已在日本资助下开始恢复和重建其文化创意工作。[②] 在第 212、第 214、第 215 届执行局会议上，日本阐述其对阿富汗和乌克兰遗产保护的援助行动和资助承诺，表示其在柬埔寨吴哥窟、阿富汗巴米扬山谷等世界文化遗产保护项目中同联合国教科文组织开展了长期合作，将进一步强化对危机状况下各类文化遗产的全面支持。

自然科学领域，日本将帮助小岛屿发展中国家减缓自然灾害、应对气候变化作为支持重点。日本在第 205 届执行局会议表示将派高级别专家团参与“世界海啸预警日”活动，为印度尼西亚的地震和海啸灾后重建提供援助；在第 206、第 207、第 209 届执行局会议表示将为 2021 年启动的“联合国海洋科学与可持续发展十年”提供人力和资金支持，承办北太平洋地区的磋商活动；在第 210 届至第 214 届执行局会议持续强调应在秘

① UNESCO, “Ninth plenary meeting of the 41st session of the General Conference, 41C/VR.9 Unedited”, https://www.unesco.org/sites/default/files/medias/fichiers/2021/11/41-VR-09-init-multilangue-unedited.pdf.

② UNESCO, “Summary Records of the 209th Session of the Executive Board of UNESCO, 209EX/SR.1-6”, https://unesdoc.unesco.org/ark:/48223/pf0000374543.

书处设立专门的全球灾害减缓（DRR）业务部门，以跨部门和多学科方法提升联合国教科文组织的知识优势与实际影响，整合资源，更好地为小岛屿发展中国家服务，日本将牵头举办以灾害减缓为主题的小岛屿发展中国家大会，并在第九届日本—太平洋岛国领导人会议（PALM9）期间举办相关主题边会。

社会科学领域，日本重点支持总干事上任后推动制定的人工智能伦理国际准则文书。日本在第205届执行局会议表示其新近成立了“以人为本的人工智能社会准则委员会”，向联合国教科文组织贡献本国经验，支持本组织召开了关于制定人工智能伦理国际准则文书的专家会；在第206届执行局会议表示将同联合国教科文组织合作推动在二十国集团层面建立人工智能国际伦理准则；在第207届执行局会议表示成功推动二十国集团峰会通过了“以人为本的人工智能发展和应用原则”，资助联合国教科文组织举办了首届全球人工智能高级别会议；在第209届和第210届执行局会议表示将为第41届成员国大会通过人工智能伦理国际准则文书提供智识和财务贡献；在第211届和第212届执行局会议表示《人工智能伦理建议书》的通过和实施将成为日本自愿捐款的一项新资助重点；在第214届执行局会议宣布将新设一个日本信托基金项目，帮助非洲和小岛屿发展中国家实施《人工智能伦理建议书》；在第215届执行局会议表示新的信托基金项目已开始在纳米比亚实施。

信息传播领域，日本倡导和推动开展世界记忆项目的全面反思与规则修订。日本在第204届执行局会议提出要求暂停世界记忆项目的申报和提名，开展规则反思与修订，防止具有政治和历史争议性的项目进入评估程序，设立低调处理争议项目并调解成员国分歧的举措。① 此后直至 2020 年世界记忆项目规则修订完成、总干事宣布重新开启 2021 年项目申报提名，日本在每届执行局会议总政策辩论中都会就世界记忆项目的去政治化改革发言，阐述其参与规则修订工作组、资助举办研讨会、派遣专家、提交决定草案、承办全球政策对话会等行动贡献。

可见，日本在大会和执行局发言所阐述的对该组织核心业务的支持、贡献与承诺保持着高度的连贯一致。前一届会议所言及的未来行动承诺都能在后续会议发言中得到再现，成为已经变成现实的行动贡献。日本的话语行事实践具有言出必行、言行一致且历时稳定的特点，使其在联合国教科文组织的话语实践具有较好的可信度与感召力，有力地支撑了其每次发言必强调的“坚定支持者”“主要贡献者”“长期的合作伙伴”“行动引领者”等国际角色。如日本常驻代表所说，“日本与联合国教科文组织的合作既体现在积极参与会议辩论，也体现在对具体项目的行动贡献，二者如车之两轮不可或缺”。②

五　政策启示：关于提升中国多边外交话语能力的若干思考

美国外交话语研究学者罗伯特·奥利弗（Robert T. Oliver）教授曾在 20 世纪 50 年代美苏争霸的背景下指出，对于正在同苏联竞争的美国而言，不具备强大的外交话语能力甚至比失去

① UNESCO, “Summary Records of the 204th Session of the Executive Board of UNESCO, 204EX/SR.1-6”, https://unesdoc.unesco.org/ark:/48223/pf0000265349.

② UNESCO, “Summary Records of the 215th Session of the Executive Board of UNESCO, 215EX/SR.1-6”, https://unesdoc.unesco.org/ark:/48223/pf0000384266.

对原子弹的垄断更可怕。[①] 在世界动荡变革、中华民族伟大复兴、中美世纪博弈“三期叠加”的背景下，提升中国在国际多边舞台上的外交话语能力至关重要。从中国、法国、日本近年在联合国教科文组织展示出的外交话语能力来看，大国发挥与其地位相匹配的话语影响不能仅靠国家实力、发展程度等资源性、基础性力量，还要通过主动积极、有为有效的外交话语实践来锻造、展现和提升能力。[②] 中国近年来的多边外交话语能力提升取得了有目共睹的进展，但仍有持续、全面提升的空间。

第一，要将外交话语能力视为一种基于话语实践的综合性能力框架，不能将其简化为外交官的外语能力或辩论技巧，也不能将其等同为国家宏观的政策理念与制度安排。外交话语能力框架应是一套可观察、可评估、可衡量的实践要素，反映外交官代表国家意志、推行国家利益的话语实践及其塑造的话语空间。国家层面的政策、制度、观念、价值、资源等与外交官个体层面的言语行为应统合于话语实践中，体现为一国在多边话语场域积极的在场状态、有效的意义建构、有力的以言行事和广泛灵活的话语联盟。

第二，应继续提升中国在国际多边舞台上的话语在场程度。法国、日本和中国近年来在联合国教科文组织话语实践的一大共性是积极的话语在场状态，因为积极的话语在场状态是开展话语意义建构、关联话语以外的实践行为、运筹话语联盟并塑造共识的前提。中国塑造全球性角色的一项重要内容就在于让

① Robert T. Oliver, “The Speech of Diplomacy as a Field for Research”, *Central States Speech Journal*, Vol.1, No.2, 1950, pp.24-28.

② 朱立群：《外交环境变化与中国外交能力建设》，《国际问题研究》2013 年第 2 期。

国际社会听到中国的声音、看到中国的方案，不能在问题和挑战错综复杂的全球治理中沉默、缺席。中国近年来在联合国教科文组织展现的良好势头与积极成效说明，中国不仅要利用大国的制度性权力进行一般性、立场性发言，还应积极参与各类专业议题和机构管理、治理规则等方面的话语互动与决策进程。只有保持话语的持续在场和不断出场，才能将中国的声音和方案传达出去，在国际话语的交流互动中形成话语影响，占据话语权力关系中的一席之地。

第三，应主动塑造中国对国际议题和事务的话语意义阐释。国际话语之争在很大程度上是不同叙事、不同逻辑、不同意义之争，参与这一竞争需要能够提出相对完整、自洽、有说服力的话语意义阐释。法国在联合国教科文组织有关治理原则与重大政治事件的议题上主动塑造话语意义，争取智识与道义制高点，不仅能够推进本国理念和利益，而且能够“顺其自然”地成为辩论中的意见领袖、引领国际共识。中国也应增强对国际议题与事务的深入研究，不满足于表明原则立场以及宏大的理念陈述和政策宣讲，还要针对具体语境就具体问题做出话语意义诠释，将情怀担当、价值追求与切实的外交知识、精到的分析洞见相结合，将中国智慧和方案具化为言之有物的话语意义。

第四，应加强中国外交话语与外交行动的关联嵌套。中国倡导的真正多边主义贵在“践行”，而且中国对世界的行动贡献也在不断增强。中国的外交话语应将这些行动贡献以及中国未来的行动承诺更加充分、连贯地编织进去，增强外交话语的实践力度。日本在联合国教科文组织长期稳定、连贯一致的话语行事实践值得借鉴。中国应在落实好全球安全倡议、全球发展倡议、全球文明倡议等重大国际行动，加大力度贡献国际公共产品的同时，加强外交话语与外交行动之间的关联与协调，打造理念与倡议、观点与行动的有机结合，注重言行并举和言行一致，支撑中国践行真正多边主义的话语体系。

第五，应积极运筹广泛灵活的外交话语联盟。外交话语能力不仅表现在自己能说什么，还表现在能让别人说什么。法国之所以能将其话语意义推向更广泛的话语群体，甚至使之成为国际组织的集体决定，离不开话语盟友的支持策应。中国在积极参与话语互动的过程中也日益注重与立场相近国家共同发声。在国际多边场合，曲高和寡、话语孤立是应避免的结果，只有形成步调一致的话语联盟才能够造成“声势”，主导共识，推动国际组织的集体意志向于己有利的方向发展。中国应把“拓展全球伙伴关系、深化全方位外交布局”的战略谋划落实到日常多边外交话语实践中，根据具体议题和需求、有预见性、务实灵活地组建话语联盟，力争形成有提议必有附议、有发声必有回声的局面，提升中国外交话语的共识塑造力。

六 结论

随着中国前所未有地走近世界舞台中央，推进中国特色大国外交需要与之相适应的大国外交话语能力，破解中国式现代化进程所面临的国际话语困境更亟须提升外交话语能力。外交话语能力具有主体双重性的特点，既需要国家政策体制层面的投入和配置，也需要在个体外交实践层面激活能动性，在现实的外交话语实践中锤炼和展现能力。各国的外交话语能力千差万别，表现在特色与风格各异的外交话语实践中。国际组织的多边话语场域提供了让各国竞相塑造话语权力、展示外交话语能力的实践剧场。未来的外交话语研究应更加关注国际组织场域和日常外交话语实践，考察不同国家外交话语能力的特长与风格，博采众长、为我所用，促进中国的外交话语更加积极在场、更擅长意义建构、更富实践力度、更能引领共识，更好地树立和展示中国特色大国外交的气派与风范。

前沿巡礼

和平学及其在中国的发展

刘　成

【作者简介】刘成，南京大学历史学院教授，博士生导师。研究方向为英国史、和平学。

主持人语：和平学在当今世界包括在中国的研究获得日益广泛的发展。在这方面南京大学刘成老师发挥了重要作用，包括国际思想与作品引入以及中国和平学的生长、传播、教育等。南大区域国别研究院有幸请来刘成老师，对和平学的内涵及在中国的发生发展加以讲解。让我们以热烈的掌声欢迎刘老师！

刘成：各位好！非常高兴也荣幸受到王逸舟教授的邀请，谈谈和平学的理念及南京行动。我本人专业是英国史，我的英国史在中国学的，我的和平学是在英国学的，这是很有趣的现象。和平学产生的一个大的背景是其对立面——战争，第一次世界大战和第二次世界大战让一些欧美人认识到用过去的思路或者方式来解决冲突问题和实现和平是不可能，他们开始探究是不是有新的思路、新的方法。所以，和平学是建立在战争的废墟之上的，即在迄今为止人类历史上两次最大的战争基础之上开始萌发了。其原因正如爱因斯坦所言：“如果人类还要生存下去，我们需要一种全新的思维方式。人类必须彻底改变对彼此的态度和对未来的看法。武力不能再成为政治工具。今天，我们的时间不多了；我们这一代人要成功地进行不同的思考，如果我们失败了，文明人类的日子就屈指可数了。”最早的和平学的研究机构出现在美国，1945 年美国开始有和平学的研究机构，但是学界一般把 1959 年作为和平学重要的开端，因为在这一年，挪威奥斯陆大学成立的“奥斯陆和平研究所”（Peace Research Institute Oslo）最具代表性，约翰·加尔通 (Johan Galtung) 教授担任首任所长。在同一年，英国兰卡斯特大学建立了和平与冲突研究中心（The Richardson Institute），美国密歇根大学创办了“冲突化解研究所”（Centre for Research on Conflict Resolution）。学界一般将 1959 年作为和平学发展史的起点，和平学作为一门学科诞生了。1964 年《和平研究》（*Journal of Peace Research*）创刊，这是第一本和平学的专业期刊。1964 年国际和平研究协会（International Peace Research Association）诞生了，该协会是世界上最高级别的和平学专业的学术性机构，有 20 个和平专题委员会，在各大洲也有分会机构，每两年举办一次学术会议，我是这个协会唯一的中国理事。

和平学得到了包括联合国在内的国际组织的大力推崇，受到了遍及全球的大学和研究机构的关注，很多高校设有独立的和平学研究中心。由于和平学的跨学科性质，不同研究机构专注某一个领域，其名称也不同，但都在和平学范畴内开展工作，遵行和平学的基本概念和原则。目前，和平学已形成了包括文献（书籍和期刊）、学术群体、课程体系、教学形式（课堂教学，体验式学习，国际交流）等完整的学科体系。全世界约有 400

多个和平学研究和教学机构[①]，它们开设不同类型的课程证书教育，授予和平学专业方向的学士、硕士和博士学位。

和平学通过跨学科的合作，以非暴力手段探究预防、消减和化解冲突的方案，阐释暴力和非暴力的行为，分析冲突的结构机制，创建有助于实现和平的知识和实践体系，寻求创建人类理想生存条件的途径。和平学关注暴力造成的痛苦，“诊断”暴力的状态，“预测”暴力的变化进程，通过“治疗”减少暴力，改善生活境况。

和平学一般被分为和平研究、和平教育与和平活动三大部分，其宗旨是实现一个更加公正与和平的世界，重点是探究如何用和平方式实现和平。高校开展和平研究，南京大学和平学研究所属于和平研究范畴，和平教育包括中小学、幼儿园以及社会层面公众的和平教育，重点是如何认识和平，什么是和平的课程建设，联合国教科文组织的《组织法》序言指出：“战争起源于人之思想，故务需于人之思想中筑起保卫和平之屏障”。和平学与其他传统学科有一个重要的区别——没有围墙。传统学科的界定很清楚，博士论文的写作不能突破围墙。和平学是真正意义上的跨学科，也正是因为跨学科的性质，人们对和平学是不是一个学科，至今也存在争议。王老师是南大新成立的区域与国别研究院的院长，我也参加过几次有关区域国别研究的会议，这个新的一级学科在学术界也存在质疑，其中一个很重要的原因跟和平学是一样的，涉及了太多的学科，而没有自

① 由于和平学的跨学科性，和平学机构的判断与统计非常困难，准确数量一直无法确定。部分研究机构情况参见 Ian M. Harris and Amy L. Shuster eds., *Global Directory of Peace Studies and Conflict Resolution Programs*, seventh edition, San Francisco: University of San Francisco, 2006。

己特定的界定或者是范畴的话，怎么能算是学科呢？但是和平学之父加尔通教授指出，和平学最大的特点是没有围墙，因为有围墙的学科解决不了现实当中没有围墙的和平和暴力问题，因为靠某个单一的学科是不能解决现实当中那么复杂的和平与暴力问题的。和平学的第二个特点是理论与实践的结合，和平也产生于人类实践就是战争，和平学的产生就是为现实服务的，要解决现实中有关和平、冲突、暴力、战争问题，而历史表明过去的方法理论没有解决或者解决不好，所以和平活动、和平实践是和平学的重要特色。比如说我们协助南京市人民政府和联合国教科文组织合作举办南京和平论坛，目前已经举办了三届。

我认为和平学不是多学科的，而是跨学科的，是融合学科的，区域国别学也应该是跨学科的、融学科的，这是我们的基本判断，否则不会有生命力的，和平学已经影响了将近六七十年了，逐步在走向融合的道路，并且取得了非常大的进展，所有的学科都可以融入和平学当中去。我们现在区域国别学仅列了四五个专业和学科是远远不够的。我在整理国外和平学机构的时候，发现生物学、心理学、历史学、国际关系甚至物理学等都是涵盖在内的，人的基因真的具有潜在的生物学基因吗？什么样的材料能够为和平服务？和平学要为和平站台，和平学要为和平发声，所有的学科都有责任，世界的终极目标是和平，所以和平学还有一个特点就是价值前置，凡是与和平相关的，相关学科就要证明这是正确的、科学的；凡是与暴力相关的，和平学就要证明这是错误的。

和平学认为人类世界中的和平冲突极其复杂，很多方面尚未被人们充分认识到，不存在解决冲突的简单划一的方式，和平学研究的重点是如何用和平方式实现和平。我昨天在录制南京电视台有关和平的公开课的最后讲道，和平是一种信念的结果，相信和平，坚信和平，和平才能实现。虽然有战争，但人类历史主流是爱，是彼此的爱，是和平，所以人类才能繁衍至今，才有历史。和平学有远大的理想和目标，和平学是有聚焦点的。前不久在浙江大学举办的区域国别学研究会议上，我也提到，区域国别学也要像和平学一样，要有一个抓手，如何用和平的方式、非暴力的方式实现和平，通过这个路径研究它，把不同的学科聚焦了，并与其他学科本身的研究有了区别，否则就是大拼盘，融合才是学术性的，大家应该对此有所了解，学科建设也是这样的。

和平学主要内容包括和平理论、和平问题、和平建设，涉及宏观、中观和微观，在最近二三十年，和平学者在世界上越来越多的研究不再放在宏观层面，因为觉得似乎没有意义，我们宏大的研究那么多年为世界和平真正增加了什么？中观尤其是微观层面的研究，已经越来越成为和平学研究的重点，刚才提到了国际和平研究协会的每个小组都有一个相对聚焦的专业方向，而且这些研究都聚焦于一些微观问题，而不是大而泛的问题，如何改善中美关系，人人都能讲，改善到现在也没有改善，包括中英关系的问题，文章写了那么多究竟产生了什么样的实际价值呢？我跟我的学生讲，一定要做有意义的事情，没有意义的事情千万不要浪费青春，人的生命多宝贵，为和平做一点事情，如果有一点点意义，人生就变得有价值，因为你有价值，才能为世界赋能，大家觉得是不是这样？

和平研究从一开始到现在，有三种研究方式，第一种经验性的，根据数据、根据资料、根据文献取得某种结论，如果数据资料有新的发现要修改结论，和平研究也这样，但是后来出现新的改变即批评性和平研究，20 世纪 80 年代前后，这种研究方式开始越来越多，并且出现了建构性的和平研究，成为当今和平研究以及未来和平研究最重要的一种方式，而批评性研究是经验性研究与建构性研究的桥梁，我们的研究要注重不同方式的综合运用，必须要用不同的方式来开展我们的研究，区域国别学也应该有这三种方式，而不能仅仅用一种方式。

和平学是庞大的体系，不同的学者提出很多理念。所谓的和平一定是在人与人之间、国家与国家之间、民族与民族之间发生的，也就是说和平是在关系中产生的，战争和暴力也同样如此，那么我们的关系是什么样的一种关系呢？我们提出了四种关系模型，第一种是以自我为中心的模型，由此世界变得不安宁，人与人之间的矛盾频出，一个教授可能觉得自己很了不起，南京大学最不缺的就是教授，到南大教工食堂吃饭遇到的不是教授就是博士。有的人总觉得高高在上，这是造成当今世界冲突和战争主要的问题，这种垂直的关系结构必须被打破。第二种是多样性的关系模型，大家都一样，具有平等价值，每个人都有话语权，每个国家都要成为所谓的民族国家，但是同学们都知道，在这样的历史发展过程中，人人追求平等，都想进南大，往往会产生强烈的内卷现象，包括了各种形式的冲突，甚至是战争。所以，这种多样化的模型依然存在问题，需要我们检讨，没有检讨怎么可能有和平。第三种是互动模型，所有的人、所有的民族、所有的国家都在互动中存在，在对话、在合作、在团队当中存在，如此才会变得和平，世界才会变得越来越有意义，才可能可持续发展，联合国用最多的词语是可持续发展，没有这样的对话，没有这样的互动，怎么可能让世界永久地推进呢？否则，总有一天我们走不下去，第三次世界大战如果爆发我们还有未来吗？我们真的很焦虑，可是我们也制定不了宏观政策，只能从中观和微观做起，尤其是和平教育。和平学最推荐的关系模型，也是本人最推荐的就是第四种模型，即融合模型，和平学的学科特性就是融合，在关系构建上也是推荐这样的关系模型，融合的或者是超越的、跨越的模型，在这种关系模型中，所有的文化宗教民族和个人都存在，但是在它们之上有全球性的东西，全球网络，全球经济，全球政治，全球生态，这些超越了我们的个体，个别的国家，所以为什么要搞区域国别学，一个国家的研究能解决变化的世界、全球化世界的问题吗，当然不能。我们必须认识到当今世界的关系，我们坐在同一条船上，我们有共同幸福的追求，同样我们面临着共同的麻烦和问题，比如说生态问题，需要全球共同去解决，中国政府越来越支持解决生态问题，比如说碳排放，习近平主席向世界承诺努力争取 2060 年前实现碳中和，必须要用这样的思路关系重新看世界看我们，否则我们学术研究还像过去一样没有意义，会起反作用。

和平学的核心概念是非暴力，联合国在 20 世纪初为世界儿童建设和平与非暴力文化国际十年，我在中国做了数百场的演讲，没有一个人在我讲之前知道这个十年规划，多么需要令人反思，而且中国政府是在十年规划当中签字的。为什么联合国要把非暴力放上去，和平文化多好，这是教科文组织提出来的，人人都会讲 Peace，人人都会讲和平，但是大多数人都认为和平与暴力联系在一起，和平是包含暴力的，和平可以通过暴力的方式实现。比如说你打你的孩子，你认为是为你的孩子好，你的孩子好当然是和平，和平是包含暴力的。世界的问题就在这里，于是和平学提出非暴力，重中之重在暴力前面加上了否定，必须没有暴力才叫和平。

其实，学术界对 Non-violence 这个词汇并不满意，有谁可以创造一个词语不可能有暴力但是在字面上也没有暴力呢？到今天没有真正发现这个词汇，而且让全世界的人一看都知道可以去做。所以每次国际学术性大会永恒的主题是讨论和平，数学最简单的问题是 1+1 等于 2，也是最难的，根本性的问题才是最难的，和平学要探讨根本性的问题，当然我们从现实的小问题开始入手。20 世纪 60 年代，在人际（直接）暴力的基础之上提出结构暴力和文化暴力，一下子改变了人们对暴力内涵的认知，从此人们对于和平的研究不止限于看得到的人与人之间的冲突，而是把大量的时间和智力用在研究如何消除结构暴力和文化暴力的层面上。

和平学在思考和平问题时，就必然要考虑为什么会产生暴力，因为和平的对立面就是暴力。暴力为什么会产生？有多少人研究它？产生了多少学术成果？我们给出了最简单的答案，而且这个答案涉及宏观、中观、微观不同的层面，大家看到的图示中的两个人是不一样大小的，可是现实生活当中应该是人人具有平等的权利，和平、发展、公平、正义、民主、自由是人类普适的价值观和最基本的共识，但现实世界为什么总有一些人一些国家认为他们更了不起呢？甲和乙应该是一样的，但是他比你大一点，为什么会这样呢？因为这些人这些国家认为他们拥有真理，真理是高高在上的，就像神一样。神是没有错误的，人怎么可能没有错误。他们认为他们掌握了真理，于是他们变成了上帝，我们的父母有的时候也成了上帝，当你不愿意改变的时候，你的父母就压制你去改变，于是原本没有暴力的关系出现了暴力。所有层面的暴力都是这样产生的，原本没有暴力的权利关系就出现了暴力。

所以，和平学就是建立在被压迫权利的人、民族和国家的基础之上，我们同情弱者，这样权益的不公平分配造成了暴力，一个瑞典小女孩也可以为维护世界环境向全球发声：“你偷走了我的梦想。”和平学就是要站在弱者的权益上，当时我去英国学习和平学的时候，他们在选择学生的时候，同等情况下女生优先，和平是和平学核心的核心，和平学的和平是复数，至少包括两大类的和平，第一类是消极和平，没有战争的和平，这点大家非常熟悉，人类主要的精力都用在怎么样消除这类暴力，如何实现这类和平之上，从古罗马一直到今天都没有改变。然而，我们还需要第二类和平，即积极和平，为什么消极和平不能实现？因为没有实现积极和平，在结构层面在文化层面甚至现在生态层面上的和平是积极和平，我们为这种和平提出了我们的理论——“正义和平理论”，想要和平就必须准备和平，所以我今天到这里来作报告就是在准备和平，大家来听也是准备和平的一部分，和平就是这么具体，实实在在。

和平还是动词，和平不是静止的，和平意味着创造性采取非暴力方式实现冲突转化，我们不是用局部的方法来做研究，我们要用整体的，我们要用历史的视野来看待局部的问题，我跟我的研究生说，研究英国某个问题必须对英国史全了解，才有学力去研究英国的某一个问题，否则研究出来的东西行家一看就知道你什么都不懂，博士论文研究的这点之所以重要，必须建立在复杂而广阔的历史背景中，研究思维也一定不能是单线条的。所以不是任何人都可以读博士的，把那点搞清楚有一个数据库都可以做，不能做的是人的思想综合，创造性的思维和创新性的成果，是任何机器不可能替代的，人因此存在永恒的价值，和平学就是要践行它。

把它放大来分析，也许把当前的问题看得更清楚，可是有一些人、有一些国家正是因为这样看问题才发动了战争，因为他觉得我跟你不一样，而且差距很大，所以要打你要侵略你这个国家，其实从发展的整体角度看那有什么，人类总是进进退退，此消彼长的。和平学研究的问题，比如说文化，很重要的方式是批判性的，我们不能在现有的体系之内、范畴之内研究问题，我们需要打破这个体系，比如说对文化提出自己的看法，美国文化和中国文化差别很大，真的是这样的吗？美国现在最富的马斯克，中国最富的人是马云，你觉得马云跟我之间文化的共同性会大于他与马斯克吗？不会，文化的传统定义已经不适合这个时代了，文化定义只能在亚文化层面去分析去思考，才有意义才符合今天。德国教授和我之间，我们之间的共同性太多了，远远大于我跟我的中国学生。全世界受过良好教育的人具有类似的文化，没有受过正规教育的人也类似。

回应一下当今中国的现实。创建人类命运共同体，建立在中国的历史传统和文化的基础之上，中国文明的和平性，最近刚提出来，如何让世界去认同？我刚刚从巴黎和平论坛回来，中国和世界在和平问题上有很多的共识。这种共识必须从理解开始，由此避免一开始因为不一样造成大动干戈。通过对话，我的学生给我讲讲为什么博士论文写不出来，但这不代表我认同他写不出来的理由和事实。理解是走向共同体的基础，有了这样的理解才能容忍，就不会严厉批评我的学生，有了理解才能够接受别人，很多冲突是建立在偏见的基础之上，我们把自己包裹在一个狭隘的自我认同的空间里面，我们只有打开各自文化的束缚，发现对方也是有价值的时候，我们才能看见别人看见的、我们也应该看见的真理，于是我们发现了对方也是珍宝，原来过去我们不能接受的、反对的东西也是有价值的，因为通过刚才的三个步骤已经构建起了桥梁，已经走到了别人那边去发现，日本这个国家也是很好的，他们有同样的美食美景。我们跟日本和平学会有一个对话机制，每两年举行一次的和平学者对话会，已经在北京、南京、大阪举办了三届了，疫情期间在线上也举办过一次，2024 年 3 月将在南京大学举办第五次，我们一致认为把对话的机制坚持下去，用民间学术合作的方式推动中日之间的和解和两国之间的和平。

在这样的发现了对方也同样美丽的基础之上，我们才能联合在一起，否则怎么联合？这样的共同体才能实现。如何实现人类命运共同体，必须从理解开始，经过容忍（宽容）、接受、发现对方的价值，然后才能走向联合。所以最近我在推动中国的一些城市创建国际和平城市，不断创建国际和平城市的共同体，城市都不能联合，世界怎么联合，共同体一定要建立在非暴力的基础之上。

下面介绍一下我们南京大学为和平学的发展都做了哪些事。南京大学和平学的缘起是在 21 世纪初，考文垂是英国在第二次世界大战期间的创伤城市，而南京是中国创伤城市的典型代表，所以考文垂大学的和平学中心要跟南京大学开展和平学合作，最好懂英国史，懂英文的，于是跟南京大学历史学系、世界系学科合作，当时我们学科的负责人是钱乘旦教授，也是我的导师，那个时候我还在读博士生，开始接触和平学。可是我的岁数比你们大，那个时候快 40 岁了，我第一次知道和平学，两位英国教授在南京大学做了什么是和平学的讲座，后来我到英国考文垂大学系统学习和平学，发现原来和平还有那么多我不知道的东西，可中国那么爱好和平却没有和平学，于是我做了一个决定，我一定要把和平学介绍到中国，这也是我在 21 世纪初开始的和平学旅程，我为它做了 20 年，可是我的专业是英国史，这就涉及为什么要做，英国史是我的专业是我的工作，谁都需要一个专业一份工作，我们需要养家糊口，可是大学教授应该多一份不一样的东西，这就是社会责任，为世界的公平正义作出自己的努力，我刚留校就把和平学的发展作为我的两大任务之一，做一件事情做好都很不容易，但为世界和平义不容辞。

我们出版了中国第一本高校和平学教材，第一套中小学和平教育的读本，出版了第一套中国和平学译丛，出版了中国第一套中国传统思想的和平的著作，等等，我们基本上建构了中国和平学的教材体系，我用 20 年做这件事情，未来我不做了没关系，有人会在我这个基础上继续完成，在座的就是，这也是我给大家作报告的很重要的原因。

比如说《国际和平城市丛书》（10 卷，中英文版），我们组织国际团队，整个架构是我设定的，我们要把学术的前沿和中国的视角结合起来，我们写了十多年，没有华沙作者，为了找作者我两次去到华沙，也找不到，所以我跟出版社编辑讲，这套书还有很多的缺陷，我们不是在写英国史，我们不是在写美国史，和平学是开创型的，写出来就是好，哪能用传统的老学科来比较它，和平学是开创型的，像区域国别学研究一样，怎么和其他学科相比？这套书是以中国学者为主编的丛书，是通俗性的，面向很大，出版后很多国际出版社都要，其中南京卷已经纳入国家的海外出版，我们也不懂南京可是这本书却纳入了，因为我们是从和平学视角去写南京的，我们要把南京和平的信息告知世界上更多的人。

我和德国教授 Egon Spiegel 有 15 年的和平学合作关系，我们花了五六年的时间走遍全世界在思考什么是和平，最终用中英文写的这本书《全球化世界的和平建设》，人民出版社出版的，不要一分钱，人民出版社为了世界和平免费出版这本书，为什么能打动他们？因为和平，因为很少人真正去开拓性地思考这个问题。2004 年，我在南京大学开始教授和平学课程，这也是中国高校第一门和平学本科生课程，我上了两年课之后，南京大学的学生讲我们没有教材，说刘老师要出和平学教材，我于是将两年的教案交给南京大学出版社出版，在编辑出版过程中，出版社编辑还蛮急的，我说不要着急，我不写没有人写，谁愿意写一个没有学科的学科教科书？中国人有的时候还是很现实的，和平却是要有前瞻性的，我翻译的第一本和平学的著作，当时我刚刚留校不久，我们评副教授的时候译著不算评职称的学术成果。我当时就问自己，我放弃原本的工作到南京大学就是为了教授、副教授吗？不是的，是追求自己的理想，自由就是我的理想，我想做什么不希望被挡住，我也不给自己设定目标，但是要有方向，方向就是目标，过程就是目标。我们创刊了中国第一本和平学集刊《和平研究》，第一辑已经送给了王老师，第二期也出来了，第三期马上要出来，我们要有刊号，中国需要这个期刊，可是我们要先做起来，水到渠成，任何一件正确的事情往往都是自下而上的过程。我们出版了《中学和平教育》，在教案基础上联合的中小学老师跟我们的合作产生了，小学和幼儿园的和平教育书也已经在准备了，明年全部出版，从幼儿园、小学、中学的和平教育的教材全部准备好，我们希望教育部将和平教育（学）列入课程体系，在南京已经成为部分中学的校本课程，南京市教育局的有关同志正在考虑在多年南京和平教育课程的基础上，把和平教育纳入所有中学和小学的课程当中。自下而上的事情很难，坚持再坚持，转为自上而下的时候，就成为真正推动世界和平的伟大力量。

所以和平学和区域国别学不一样，区域国别学是教育部的一声令下，我们是润物细无声，20 年，再过 20 年又何妨，为世界和平做贡献。当然很多人都愿意跟我们开展和平合作，南京市人民政府也愿意支持和平学，和平学越来越能得到大家的支持，没有钱也能干，有钱支持会干得更好。

这是我们在南京小学、幼儿园、初中、高中的和平教育基地学校的图片，一个一个都是我去跑、去联系，一个大学的老师到幼儿园、小学给小朋友上课，从幼儿园到整个社会，从学生到政府官员，从中国到世界，从中文到英文，我一个人努力去宣传和平学，和平是需要时间的，和平是动词。我们在 2021 年新冠疫情期间怎么会搞和平学暑期班呢？因为他们知道和平教育太重要了，南京大学教务处也愿意掏钱，请我帮他们搞 C9 高校大学生暑期营，这是南京大学第一次网络的暑期班，全是 C9 高校的，北大清华的也只能挑选 9 位同学，教务处老师担心网络班会不会人数不够，我说请放心，北大清华学生肯定来，因为在他们的大学没有这样的课，这是我们南大的特色，只是有一些人还没有认识到位，他们对和平的理解太狭隘了，不做改变哪有未来，我们读博士、读硕士就是要寻求改变。

南京成为国际和平城市，为它我准备了两年，在一开始跟国际和平城市协会的会长联系的时候，Fred 会长不知道南京也不知道南京大屠杀，可是经过两年的准备，在得到省市有关部门批准最终同意的，全世界的国际和平城市都知道了南京大屠杀。我曾看到一本很厚的大屠杀英文辞典，其中没有南京大屠杀。可见，追求和平是对创伤历史最好的纪念和修复，所以我要去做，Fred 会长向全球公告中国有一座城市叫南京，成了国际和平城市，因为在历史上侵华日军在南京杀害了 30 万中国人。国家有关部门说要重视外宣工作，和平的话语才能传得远，人家才愿意听，听了以后才会相信；不愿意听，听了以后也不信有什么用呢？

任何一件事情的检验标尺有两种，一种是意图导向，用心是好的，要发展学科，还有一种是用效果去检验，你想要怎样也重要，但结果是怎样更为重要。既然南京成为国际和平城市，南京就要有所作为，于是南京要举办和平论坛，虽然地点在南京，但是通过跟联合国教科文组织的合作产生世界性的影响力，第一届南京和平论坛的英文议程是我们和平学教席起草的，当时是疫情期间，议程提交后，教科文组织北京办事处第二天就联系我开网络会议，当时的办事处代表欧敏行第一句话就是，刘教授，我赞同议程中的每个字。联合国的官员工作效率不是我们想象的那么快，这次为什么呢？因为我们在倡导积极和平，践行联合国教科文组织提出的和平文化。所以，和平论坛在南京，一定要成为全国性的甚至是世界性的，让世界共享和平，共创和平。

我们都希望拥有一个和平的世界，我们都有美好的愿景，可是这样和平的世界不会自动到来。我们要创建新的学科包括推动和平学，重要的是实践，我从来不主动要什么，别人愿意跟我合作，志同道合就合作，我们的理念必须是一样的，没有别人的支持就做自己一个人能做的事情，不要受干扰，有的时候跟别人合作要被干扰的，刘成老师不是这样的，我要的是自己的自由。这个和平的世界不会自动到来，需要各方面推动，需要大学的智库，需要精神层面的支撑，尤其是今天的人是要一点精神的，西方人认为没有宗教是邪恶的，这个世界需要文化、需要司法、需要伦理、需要宗教，社会需要公平正义，南京大学也需要，因为世界充满着不公平不公正，而我们人天生希望公平公正，所以正义的问题是世界永恒的主题，所以一个和平的世界必须有司法公正，必须有媒体的监督。更重要的是在座的你和我，世界的和平是我们人去创造的，我们义不容辞，尤其是大学的老师和学生，尤其是南京大学的老师和学生，你有这样的责任，如果觉得没有这种认识就不配做南京大学的老师，南京大学培养学生的目标是培养世界领袖，世界的未来必须是和平的方向，没有和平哪有希望，这个方向需要在座的同学们去引领。我有时候睡觉都要惊醒，第三次世界大战爆发了，原子弹爆炸了，一醒来在做梦。只有当每个人能成为世界和平建设的一份子的时候，我们这个世界的和平才能够真正地实现，就像小的时候熟知的拼图游戏，任何一块儿必须放在正确的位置上才能完成拼图，每个人才是这个世界和平的最重要的力量，所以，谢谢大家！

王逸舟：感谢刘老师的精彩演讲！历史在变化，我们作为新一代的人，如何去面对它，记住历史那些痛苦时刻，又对未来有新的高度和感悟，是刘老师报告时让我反复思索的一个问题。南京是中国遭受战争创伤最严重的地方，又是中国今日第一个提倡和平学的城市。新一代人对于和平学的理论，和平学的教育，和平学的实践做了新的努力，守望自身又超越过去。刘老师就是这样的耕耘者、推动者。他有一种特殊的使命感，不光是做纯粹的理论、翻译和书写以及国际交流，而且更多的是在公众在城市在中小学去解说和平的珍贵与和平学的真谛。也许当下很多人并没有完全理解和平学的真谛，还是消极和平的概念，所谓无战即和平，或以威慑、以战争手段来实现和平。刘老师讲的积极和平有很深的意义，不只是无战，更包括对人性的理解，以联合国角度和全球及各个区域合作方式，着眼新一代人对于全球的关爱和人类共处复杂性多样性的理解，倡导更加互利的、建设性的和平与相处，遏制人性恶的一面。中国现在壮大了，有肌肉了，可能越容易滋生强烈抗衡与反击的情绪，越难理解广大弱小国家的难处与求得安稳的微妙心态。这方面要避免被美国带节奏，变成另外一个美国式的强权国家。南京大学的学子，中国的年青一代，须好好理解和平学的深刻内涵，更多加入这个事业。

学科评估

中国高校代表性区域国别研究院的跨学科建设进展

王婉潞

【摘要】跨学科交叉融合是区域国别学学科建设的天然使命。然而，中国学界所讨论的跨学科是个广义概念，存在多学科、跨学科、超学科等多个层次。近年来，多家区域国别研究院进行跨学科建设的初步探索与实践。本文选取部分代表性区域国别研究院，从组织结构、研究团队、人才培养、平台建设四个维度考察其跨学科建设进展。初步考察显示，这些研究院的跨学科建设各具特色，也呈现一些共同之处。第一，研究院建设思路清晰、定位明确，结合自身优势进行跨学科发展；第二，重视人才培养，打造有特色的跨学科人才培养方式并不断优化；第三，通过平台建设聚合人才，汇聚各方人士的智慧和能量；第四，获得学校层面的大力支持，机构建设大体完备。中国区域国别学正处于快速发展阶段，在参考这些成功经验的同时，各单位亦需结合自身实际情况加以借鉴。

【关键词】区域国别学；跨学科；交叉学科；学科建设；区域国别研究院

【作者简介】王婉潞，南京大学国际关系学院助理研究员。

2022年，区域国别学成为交叉门类下的一级学科（1407），国内学界对此高度重视，云集响应，在一年有余的时间里，国内不同规模的区域国别研究院相继建立。截至2024年1月，中国高校已建立区域国别研究院60余所。时代背景与国家需求促使区域国别学在短期内成为学界焦点，中国向全球性大国崛起过程中，为应对百年未有之大变局，服务“一带一路”倡议落实，建设人类命运共同体，国家在学科建设上采取这一重大举措。[①]在诸多讨论中，区域国别学的一个重要方面被反复提及，上升到不容忽视的高度，这就是其跨学科特征。

作为刚刚起步的新兴交叉学科，区域国别学的学科建设尚处于初期的探索阶段。尽管交叉融合已成为学界推动区域国别学科建设的共识，但是，学界对如何进行跨学科建设尚存有相当多的困惑。不少学者一致认为，进行实体化建设是建立区域国别学这一交叉学科的必然选项，没有实体就没有团队，没有团队就没有稳定的成果产出。[②]独立建制的区域国别研究院克服了跨院系的瓶颈，使跨学科研究与人才培养成为可能。在学科建设缺乏共识的情况下，出于对研究和人才需求的迫切需要，多家区域国别研究院结合自身积累与优势对跨学科建设进行初步探索。为此，本文选取国内具有代表性的区域国别研究院，根据公开发表的资料对其跨学科建设进行回顾，为全国区域国

---

① 参见罗林、邵玉琢：《“一带一路”视域下国别和区域研究的大国学科体系建构》，《新疆师范大学学报》（哲学社会科学版）2018年第6期；钱乘旦：《以学科建设为纲 推进我国区域国别研究》，《大学与学科》2021年第4期；梁占军：《主持人语》，《史学集刊》2022年第4期；刘新成：《对区域国别学及其学科建设的几点看法》，《区域国别学刊》2023年第4期。

② 丁钰梅、罗林：《高校国别和区域研究工作的发展、挑战与展望》，《南京理工大学学报》（社会科学版）2023年第6期。

别研究机构进一步建设提供线索与参考。

一　区域国别学的交叉学科属性及其跨学科意义

何为“交叉学科”？学界至今未对“交叉学科”的内涵形成统一的认识。国务院学位委员会指出，“交叉学科是多个学科相互渗透、融合形成的新学科，具有不同于现有一级学科范畴的概念、理论和方法体系”。[①] 这个论述表明，交叉学科是打破学科划分，在现有学科交叉与融合的基础上，创造新的知识结构。

区域国别学的交叉学科属性源于其学科设立方式不同于传统学科。传统上，中国以“领域”来划分学科，如经济学、政治学、社会学、法学、历史学等，区域国别学则是根据地域来划分。[②] 很显然，“领域”与“地域”是性质完全不同的学科划分方式。尽管区域国别学从地域上限定研究对象，但就每一个具体地域而言，其政治、经济、社会、文化、外交等各个方面都是区域国别学涉及的内容。[③] 众多学者反复强调，区域国别学是一门整体与综合的学问，这意味着单靠任何一个传统学科都无法单独支撑。因此，以“地域”划分的学科设立方式打破了既有以“领域”设立学科的藩篱，使属于领域的学科化身为

① 《国务院学位委员会关于印发〈交叉学科设置与管理办法（试行）〉的通知》（学位〔2021〕21号），中华人民共和国教育部，2021年11月17日，http://www.moe.gov.cn/srcsite/A22/s7065/202112/t20211203_584501.html。

② 参见刘鸿武：《中国区域国别之学的历史溯源与现实趋向》，《国际观察》2020年第5期；周方银：《区域国别学科建设中的知识追求和学科建制》，《亚太安全与海洋研究》2022年第3期。

③ 参见周方银：《区域国别学科建设中的知识追求和学科建制》，《亚太安全与海洋研究》2022年第3期。

地域整体研究的一部分，在这个过程中，跨学科成为必然选项，交叉学科的实现成为可能。

关于区域国别学的交叉学科属性与跨学科特征，学界达成高度共识。[①] 然而，与高度共识相伴，学界在具体操作层面如何实现“交叉”存有相当的困惑。学界不仅“尚缺少具有说服力的探讨”，[②] 甚至在区域国别学正式设立为一级学科之前，一些学者就对此表示担忧，比如“所谓交叉学科，是否仅仅是几个学科的拼盘……怎样才能通过多学科的合作，促使每一个相关学科都内在地发生变化，并进而形成跨学科融合的新范式”？[③]

从既有讨论来看，学者们至少谈及两类融合：一类是以解决问题为导向的融合，由此指导下的区域国别研究致力于进行综合的、整体的分析，提高对复杂现实问题的解释力，这也是中国发展区域国别学的迫切需求；另一类是以理论建构为导向的融合，这种融合的目标是对现象进行理论抽象，提炼学科的核心概念，完成一般性理论的建构，这种融合更符合“区域国别学”作为“学”的宗旨。显然，这是两种截然不同的融合，并且很难说这两种选项之间存在必然的递进关系，即对复杂问题的完美解决，不一定必然对理论建构有所裨益。这种情况在美国区域研究（Area Studies）中有所体现。

---

① 钱乘旦：《以学科建设为纲 推进我国区域国别研究》，《大学与学科》2021年第4期；陈杰、劳凌玲：《中国区域国别学学科构建的理论探索述评——写在区域国别学成为一级学科周年之际》，《外语学刊》2023年第5期；朱翠萍：《区域国别研究的难点与学术启示》，《印度洋经济体研究》2023年第1期。

② 陈杰、劳凌玲：《中国区域国别学学科构建的理论探索述评——写在区域国别学成为一级学科周年之际》，《外语学刊》2023年第5期。

③ 王中忱：《怎样建立中国区域国别学的知识谱系？》，《学海》2022年第2期。

在美国区域研究诞生之初，不少学者对其抱有建构理论的极大期望，期待通过突破学科边界，产生创新性的知识产品，形成内在一致的区域研究学科理论，但其结果却不尽理想，乃至后冷战时期，区域研究遭受的批判恰恰集中在其过于迎合现实需求，甚至所谓的跨学科事实上只停留在多学科的层面，没有基于跨学科的新理论创建和贡献。[①]这种状况的出现并不是自然生发的结果，而正是美国区域研究项目的设计者、赞助者和实践者的共同选择，他们选择以解决问题为导向的路径，即以某一单一学科为支撑，寻求多学科的方法来解决现实问题，或借用多方位的思考来复原目标区域的全貌，而未以理论创新为核心诉求。[②]美国区域研究强调实用性导致其研究中学理性的缺失，直接影响了该学科的学术生命力。[③]

对中国来说，虽然区域国别学的设立初衷是解决现实中的紧迫问题，实现“找得到人、说得上话、关键时候起作用”的目标。但作为“国之大者”，中国发展区域国别学的战略目标远非解决燃眉之急，理应进行深远筹划，在跨学科基础上进行人文社会科学理论创新，发展出中国自主知识体系、话语体系，这亦构成区域国别学得以长久发展的坚实基础。

---

① 参见张杨：《我们需要什么样的区域国别研究——基于美国实践的省思》，《史学理论研究》2022年第2期。

② 张杨：《我们需要什么样的区域国别研究——基于美国实践的省思》，《史学理论研究》2022年第2期。

③ 李秉忠：《区域国别学的西方传统和中国路径》，《史学集刊》2022年第4期。

二　跨学科与中国高校既有区域国别研究机构的跨学科建设探索

跨学科交叉融合是区域国别学的天然使命。一个显著现象是，国内区域国别学界经常将“交叉学科”与“跨学科”混用，来表明其区别于传统学科的特殊属性。不过，“交叉学科”与“跨学科”是两个不同的概念。此外，国务院学位委员会特别指出，“学科交叉不等于交叉学科。学科建立有其自身规律，需要知识分化融合并形成相对独立的人才培养体系，能够适用于学位授予单位规模化、规范化培养人才”。[①] 因此，有必要厘清跨学科、学科交叉、交叉学科这三个概念及其之间的关系，以便在考察时有清晰的标定。

（一）跨学科、学科交叉、交叉学科

学科的分化固然体现知识的专业化与系统化，表征人类知识文明的进步。但当学科开始成为束缚思维开放拓展、构成理解问题的障碍时，跨学科的知识重组和制度重构就会发生。[②] 当前，建立在学科分化基础上的高度交叉融合成为学科发展的显著趋势。国外研究中较多使用的“interdisciplinary”一词由哥伦比亚大学心理学家罗伯特·塞钦斯·伍德沃斯（Robert S.Woodworth）教授在 1926 年最早使用，意为进行两个及以上

---

①《国务院学位委员会办公室负责人就〈交叉学科设置与管理办法（试行）〉答记者问》，中华人民共和国教育部，2021 年 12 月 6 日，http://www.moe.gov.cn/jyb_xwfb/s271/202112/t20211206_584975.html。

② 田贤鹏、张应强：《跨学科研究的历史演变、推进方式和发展趋势》，《高等教育研究》2023 年第 2 期。

学科的科研活动，旨在促进多个学科间的研究。[①]国际学界对学科交叉融合进行了多年探索，并使用不同术语表示学科交叉融合的各个阶段，但国内文献中仍常以“interdisciplinary”一词指代“跨学科”“交叉学科”“学科交叉”等多个概念。[②]

就跨学科与交叉学科的关系而言，中国跨学科理论研究者认为，跨学科不同于交叉学科，前者是一种整体的理念，后者则是该理念下产生的一个结果。[③]关于学科交叉融合，国外学者得出多种分类方式，其中较多达成共识的分类是多学科（multidisciplinary）、跨学科（interdisciplinary），以及超学科（transdisciplinary）。[④]其中，多学科是不同学科视角下对问题进行深刻解读，注重将学科并置 / 并列而非融合，学科间可以没有关联；跨学科则在多学科的基础上更进一步，关注两个或以上学科的互动综合，在多学科的基础上突破了学科间固有的壁垒，强调学科间的整合共融；超学科是最高程度学习整合，其整合对象与运行范围均超越了跨学科，融合知识方法，导向新学科诞生。[⑤]超学科代表一种更高等级或最高等级的“跨

① 王涛：《学科性视角下高校跨学科的演变：从学科交叉到交叉学科》，《中国高教研究》2023 年第 12 期；杨小丽、雷庆：《跨学科发展及演变探讨》，《学位与研究生教育》2018 年第 4 期。

② 参见索传军、肖玥：《交叉学科的学科特征分析与评价》，《中国人民大学学报》2023 年第 6 期。

③ 杨小丽、雷庆：《跨学科发展及演变探讨》，《学位与研究生教育》2018 年第 4 期。

④ 王涛：《学科性视角下高校跨学科的演变：从学科交叉到交叉学科》，《中国高教研究》2023 年第 12 期。

⑤ 参见杨小丽、雷庆：《跨学科发展及演变探讨》，《学位与研究生教育》2018 年第 4 期；杨小丽、雷庆：《工科本科生跨学科能力评价框架构建》，《清华大学教育研究》2022 年第 6 期；陈思宇：《新文科外语专业跨学科知识整合的形成性评价与引导策略》，《社会科学家》2023 年第 10 期。

学科”。[①]

有学者强调，“交叉学科是在中国首届交叉科学学术讨论会上被叫响，并开始迅速传播，因此可认为其源自国内，不考虑其英语词源”。[②] 在本土语境中，学科交叉是个动词，侧重学科之间交叉融合的研究行为，其本质是知识体系结构的整合重构，但学科交叉并非一种稳定的范式状态。交叉学科则是个名词，侧重基于学科互动形成的学科属性，具有系统化、理论化的知识体系和固定的研究对象。[③] 国务院学位委员会于 2021 年 11 月印发的《交叉学科设置与管理办法（试行）》中，明确指出交叉学科形成了“概念、理论和方法体系”。将中国的“学科交叉”和“交叉学科”二分法与国外分类的“多学科—跨学科—超学科”相对应，可以初步发现：多学科仅仅是学科的并置，学科之间并无集成和交互，在严格意义上来说不属于学科交叉的范围，或者说是一种弱交叉；跨学科打破了学科之间的壁垒，多个学科汇集起来，用于解决经济社会问题或国家急需的重大攻关研究；超学科则倾向于“重新构建”，解构知识和学科边界，形成交叉学科。[④]

不同的目标使区域国别的交叉融合存在不同层次。在建设区域国别学的过程中，我们所追求的远非多学科形式上的融合，

---

① 赵奎英：《“新文科”“超学科”与“共同体”——面向解决生活世界复杂问题的研究与教育》，《南京社会科学》2020 年第 7 期。

② 杨小丽、雷庆：《跨学科发展及演变探讨》，《学位与研究生教育》2018 年第 4 期。

③ 参见王涛：《学科性视角下高校跨学科的演变：从学科交叉到交叉学科》，《中国高教研究》，2023 年第 12 期；田贤鹏，张应强：《跨学科研究的历史演变、推进方式和发展趋势》，《高等教育研究》2023 年第 2 期。

④ 王涛：《学科性视角下高校跨学科的演变：从学科交叉到交叉学科》，《中国高教研究》，2023 年第 12 期。

而是探寻综合解释问题的跨学科融合，乃至完成理论抽象，形成新的知识内核、创新研究方法的超学科融合。这不仅是交叉学科的要义所在，也是赋予学科内生动力，在完成紧急使命后可以长远发展的根本。

（二）中国高校既有区域国别机构跨学科建设的初步探索

既往中国大多数区域国别研究机构在研究团队、人才培养、平台建设等方面展开的跨学科探索，呈现出以下特征。

第一，既有跨学科建设大多依托于单一学科，建立人才培养项目，与其他学院或系共享课程与师资。中华人民共和国成立以来，外国语言文学、历史学、政治学等相关涉外学科分别对世界上一些区域展开各自的探索和研究，这些学科因而在中国区域国别研究中获得强势地位，并在区域国别学成为一级学科后成为主要的支撑学科。语言是开展区域国别研究的前提和基础，无法阅读目标国的本土文献、无法用当地语言进行田野调查，则难以开展深入的研究。且语言还蕴藏价值观、传统观念、政治信仰等隐性层面的内容，这为形成对地区和国家整体全面的认知，以及相关研究奠定了基础。[①] 在教育部进行布局时，语言学首先受到重视，获得学术发展先机。在现有 450 余家教育部国别和区域研究培育基地和备案中心中，外语类院校占比约为 30%。[②] 历史学是区域国别研究的另一个主要支撑学科。历史学的视角有助于理解和洞察现实问题的本质，为区域

---

① 孙吉胜：《以问题意识深化区域国别研究：以国际政治语言学为例》，《国际论坛》2022 年第 6 期。

② 丁钰梅、罗林：《高校国别和区域研究工作的发展、挑战与展望》，《南京理工大学学报》（社会科学版）2023 年第 6 期。

国别研究提供了广阔而多层次的空间维度和足够的时间深度，[①]为解决现实问题提供了重要的历史线索。[②]国际关系、国际政治学因其天然的涉外属性，成为中国区域国别研究的主力。1963年中央外事小组呈递的《关于加强研究外国工作的报告》经高层批准后，首先在北京大学、复旦大学、中国人民大学设立国际政治系，并在地域研究上形成分工。[③]不过这些研究大多聚焦于国家间关系，尤其是中国与这些国家之间的关系，而对区域与国别本身的研究不足。

第二，既有跨学科研究因地制宜，经过多年积累，一些机构形成独特风格与优势。例如，浙江师范大学非洲区域国别学院专注研究非洲地区；首都师范大学国别区域研究院以巴尔干研究为特色，“力争建成国家问策巴尔干问题的首选高校智库”；[④]中央民族大学建有多个跨学科区域国别研究中心，各团队从不同角度研究世界各地各民族，特别是亚非拉发展中国家各民族的生态生计、语言宗教和社会文化多样性及治理经验；[⑤]等等。

尽管取得诸多探索，但从整体来看，中国高校既有区域国别研究机构的跨学科建设还存在显著不足。中国高校的区域国

---

① 俞金尧：《大陆与大陆架：世界史与区域国别研究的关系》，《学术研究》2023年第12期。

② 梁占军：《世界史视域下的国别区域研究》，《光明日报》2021年12月13日第14版。

③ 任晓：《再论区域国别研究》，《世界经济与政治》2019年第1期。

④《我校成立国别区域研究院》，首都师范大学，2022年4月18日，https://news.cnu.edu.cn/xysx/jdxw/1d000a9e0e21489eb748b14488b67399.htm。

⑤ 麻国庆：《跨区域社会体系视角下的区域国别研究》，《学海》2022年第2期。

别研究面临着小、散、弱的局面。[①]例如，以往院系下的研究中心受到种种限制和制约，很难实现真正的学科交叉。[②]这是因为区域与国别是复杂的，其所指向的是综合性、整体性研究，这是任何单一以“领域”划分的学科所无法承载的使命。正如学者所指出的，“中国高校系统内的区域国别研究机构，多依托某一个系科而建，而系科之间存在传统意义上的行政、学科和资源等方面的壁垒，导致单一学科的独立研究较多，多学科之间的合作研究较少，对同一研究对象的多学科合作研究成果并不多见”。[③]并且，在试行过程中，发现单一学科下所设立的区域国别学二级学科会受到单学科的限制，例如由于向学生授予的是单学科学位，学生提交毕业论文时需要符合其单一学科论文的要求。[④]这种制度上的限制是单一学科难以克服的，而这种制度和要求实际上也阻碍了跨学科的实现。

第三，既有的跨学科研究多停留在专家个体层面，机构层面的跨学科建设相对不足。例如，不少外语学者多年从事跨专业研究，已成为研究对象国政治、经济、历史、社会、文化等问题的专家。他们是典型的跨学科人才，也是未来区域国别学学科建设的中坚力量。[⑤]不过，在整体层面上，大多数研究机

① 朱锋：《中国区域国别学：比较、鉴别与创新》,《亚太安全与海洋研究》2022 年第 6 期。

② 丁钰梅、罗林：《高校国别和区域研究工作的发展、挑战与展望》,《南京理工大学学报》（社会科学版）2023 年第 6 期。

③ 陈杰、骆雪娟：《作为交叉学科的区域国别学学科构建：反思与建议》,《外语学刊》2022 年第 4 期。

④ 张蕴岭：《区域国别学迎来春天》，中国社会科学网，2023 年 12 月 26 日，https://www.cssn.cn/skgz/bwyc/202312/t20231226_5722823.shtml。

⑤ 戴冬梅、王鲲：《法语专业对区域国别学的赋能作用》,《外语教学与研究》（外国语文双月刊）2023 年第 2 期。

构跨学科建设相对不足，多是依靠单一学科来进行研究。并且，很多研究长期停留在历史或现状描述的初级阶段，缺乏学术意识和理论思维，很大程度上限制了区域国别研究的延展性。①

第四，既有的区域国别机构以智库建设为主，学生培养发展滞后，且人才培养多局限于单一学科。长期以来，区域国别研究人才培养以外国语言文学、政治学、历史学等一级学科为依托，学科培养方向往往集中在国际关系、政治学等某一个具体学科或问题域上，忽视了国别和区域研究的跨学科特性，缺乏学科交叉培养，②导致所培养出的人才的多学科知识基础相对不足。学科壁垒与专业藩篱难以打破，跨学科平台资源驱动乏力，课程体系设置“拿来主义”现象突出，学生的知识结构与专业能力难以满足国家发展战略对人才的需要。③

（三）考察中国区域国别研究院跨学科建设的要素

国务院学位委员会指出，交叉学科建设的三个主要目标分别是：构架新的知识结构、培养复合型创新人才、满足经济社会发展的内在需求。④这为区域国别跨学科与交叉学科建设指明了方向、提出了明确的要求，也为考察高校区域国别研究院的跨学科建设进程提供了框架依据与内容参考。这三个目标实

① 任晓、孙志强：《区域国别研究的发展历程、趋势和方向》，《国际政治研究》2020 年第 1 期。

② 王周谊、耿琴：《区域研究及其复合型人才培养机制研究》，《社会科学管理与评论》2013 年第 1 期。

③ 朱献珑：《回答时代之问，区域国别学大有可为》，《光明日报》2023 年 4 月 11 日第 2 版。

④《国务院学位委员会办公室负责人就〈交叉学科设置与管理办法（试行）〉答记者问》，中华人民共和国教育部，2021 年 12 月 6 日，http://www.moe.gov.cn/jyb_xwfb/s271/202112/t20211206_584975.html。

际上是相辅相成的。通过跨学科乃至超学科研究突破现有学科分立而导致的不足，形成新知识结构与研究方法的交叉学科。现有分科建制导致中国区域国别研究力量分散，难以形成合力，制度上亦对跨学科研究造成阻碍，无法以系统性、综合性、融合性的方式进行研究。而这种建设思路也同样影响到人才培养。随着中国国际地位日益显重、国家需求越发迫切，既有的区域国别研究在学界构建中的本体研究与人才培养两个方面双双告急。①

作为一门“应用型基础理论研究”，② 区域国别学需要在实践中发挥功用，以满足国家的重大需求。这些重大需求需要靠人来完成。“人才的短缺是最大的短缺，没有人什么也做不了。因此，若要发展区域国别研究，就应从人才培养这个根上着手。” ③ 高校不仅承担着科学研究的责任，还承担着人才培养的使命。在实践中，机构的跨学科建设最终落脚在两个方面：一是学术研究，二是人才培养。“只要抓住本体研究及人才培养这

---

① 在本体研究方面，陈杰教授指出，重区域研究、轻国别研究，重大国研究、轻小国研究，重应用研究、轻基础研究，重政经研究、轻人文研究，重外部归因、轻内部归因“五重五轻”问题。杨成教授指出，以往的区域国别研究存在重大国、轻小国，重政治和安全、轻经济和社会，重双边、轻多边，重浅层知识、轻深层结构等不足。在人才培养方面，存在阶段性目标体系不明晰、课程体系不完善、平台体系供给不够等不足。之前在已有一级学科下设立二级学科的做法，培养的仍然是单学科人才，最多只是现有学科基础上的“学科 +”。参见陈杰、骆雪娟:《作为交叉学科的区域国别学学科构建：反思与建议》,《外语学刊》2022 年第 4 期；杨成:《区域国别学与国际关系学的差异性及其学科化路径》,《南京大学学报》(哲学・人文科学・社会科学) 2023 年第 4 期；张昕:《作为国家知识体系要件的中国“区域国别学”建设：政治经济过程与前景》,《区域国别学》第 2 期。

② 裘援平:《对区域国别研究及学科建设的认知与期待》,《南京大学学报》(哲学・人文科学・社会科学) 2023 年第 4 期。

③ 钱乘旦:《以学科建设为纲 推进我国区域国别研究》, 2021 年第 4 期。

两个主要方面，就能抓住区域国别学构建的‘牛鼻子’。”[①] 据此，考察因素可以确定为：组织构成、研究团队、人才培养、平台建设。不过，受制于公开获取资料有限以及各单位建设进程不一，本文将结合各单位的实际情况，选取其中的几个因素进行考察，以突出各自特色。

传统名校、专业的外国语学院与具有区域特色的地方大学是中国区域与国别研究中的“三驾马车”，鼎足而立。[②] 据此，本文挑选这三类高校所建立的区域国别院进行考察：一是传统名校所建立的“大而全”区域国别研究院；二是外语类院校所建立的区域国别研究院；三是极具地区特色的高校区域国别研究院。后文将围绕组织结构、研究团队、人才培养、平台建设四个维度进行考察。由于各单位尚处于建设起步阶段，一些研究院领导者的理念会贯彻于研究院布局中。因此，本文将适当纳入研究院领导者的理念，以此来获得这些代表性区域国别研究院跨学科建设的大致图景。

三　传统名校代表性区域国别研究院的跨学科建设

北京大学区域与国别研究院（以下简称为“北大区研院”）与清华大学国际与地区研究院（以下简称为“清华地区研究院”）是中国区域国别研究院建设的先行者与引领者。北大区研院创建于2018年，清华大学于2011年创建发展中国家研究博士项目，在此基础上于2017年成立清华地区研究院。这两家机构有

① 陈杰、骆雪娟：《作为交叉学科的区域国别学学科构建：反思与建议》，《外语学刊》2022年第4期。

② 吴小安：《区域与国别之间》，科学出版社2021年版，第2页。

很多相同之处，譬如两家都是实体机构、组织建设齐全，都是依托本校多样化的学科力量和长期积累的国内外联系，都注重基础性研究与跨学科建设，举办大型学术讲座与研讨会、创办学术刊物。不过这两家机构也有较大区别，在研究对象、研究人员、跨学科建设方式上各有特色。

北大区研院创始院长是北大博雅讲席教授钱乘旦先生，现任院长是北大国际关系学院院长唐士其教授。北大区研院以主要依靠国际关系学院、外国语学院、历史学院等现有相关学科的研究基础为依托，① 这也体现在其组织架构中。创始院长钱乘旦教授来自历史学科，现任院长唐士其教授来自政治学科，来自国际关系学院、法学院、历史学院、外国语学院，以及国际合作部的五位专家担任副院长。② 学术管理委员会的专家来自北大校内各个院系，③ 专家构成同样来自上述主要建设单位。

清华地区研究院的跨学科建设思路同样体现在其组织架构中。该院的组织架构分为理事会、院务会、博士后工作委员会、学术委员会、培养指导委员会、教授委员会（建设中）、研究中心等。理事长由清华大学校领导担任，理事会成员来自校内外单位。④ 博士后工作委员会与学术委员会的成员来自国内外高

---

①《学院简介》，北京大学区域与国别研究院，https://ias.pku.edu.cn/xygk/xyjj/index.htm。

②《院务会》，北京大学区域与国别研究院，https://ias.pku.edu.cn/xygk/zzjg/ywh/index.htm。

③《关于成立北京大学区域与国别研究院学术管理委员会的通知》，北京大学，2020 年 12 月 7 日，https://ias.pku.edu.cn/xsgl/glbf/badf5a9c58d442089d7765198f32751d.htm。

④ 理事会成员来自清华经济管理学院、公共管理学院，以及浙江大学中西书院。《理事会》，清华大学国际与地区研究院，https://iias.tsinghua.edu.cn/zzjg/lsh.htm。

校，跨越经济学、公共管理、国际政治、历史学、新闻传播等多个学科。[①] 培养指导委员会由清华大学文理工各院系的专家组成，[②] 指导研究院顶层设计工作。清华地区研究院下设全球问题研究中心、南亚东南亚研究中心、欧亚研究中心、西亚北非研究中心、拉美和加勒比研究中心（建设中），撒哈拉以南非洲研究中心（建设中）6 个研究中心。致力于将这些研究中心打造成区域与学科交叉的综合学术研究平台，在学科交叉、地区基础、全球议题之间寻求最优结合。[③]

在研究团队方面，北大区研院采用的是传统的兼任方式，研究人员来自各个院系。清华地区研究院则拥有独立的师资团队，现拥有教师 21 名，除两名教授和研究员外，绝大多数教师为助理研究员，其一大特色在于团队中的所有教师都至少掌握一门外语，多人掌握三至四门语言。[④] 这些语种的潜在功用与深远影响在于突破英美话语垄断，为寻找本地知识提供可能。除专职教师外，研究院还有“兼课教师”“讲习教授团组”“卓越访问教授”，这些专家来自海内外高校。

---

①《博士后工作委员会》，清华大学国际与地区研究院，https://iias.tsinghua.edu.cn/zzjg/bshgzwyh.htm；《学术委员会》，清华大学国际与地区研究院，https://iias.tsinghua.edu.cn/zzjg/xswyh.htm。

② 培养指导委员会由来自清华社会科学学院、经济管理学院、法学院、美术学院、人文学院、新闻与传播学院，以及地球系统科学系、水利水电工程系等院系的主要负责人组成，《培养指导委员会》，清华大学国际与地区研究院，https://iias.tsinghua.edu.cn/zzjg/pyzdwyh.htm。

③《研究中心》，清华大学国际与地区研究院，https://iias.tsinghua.edu.cn/zzjg/yjzx.htm。

④ 团队所掌握的语种包括：英语、俄语、阿拉伯语、西班牙语、葡萄牙语、希伯来语、土耳其语、斯瓦希里语、僧伽罗语、印地语、泰语、波斯语、波兰语、乌克兰语、吉尔吉斯语、哈萨克语等，《教师》，清华大学国际与地区研究院，https://iias.tsinghua.edu.cn/szry/js.htm。

在人才培养方面，目前两家单位都仅针对博士生制定培养方案。北大在过去本科生“多语种 + 区域研究”“外语 + 外史”的跨专业人才培养模式，[①]研究生跨院系、跨学科联合培养机制的基础上，以区域与国别研究院为平台形成了专门的博士研究生培养方案。[②]迄今，北大区研院共招收中东研究、中亚和俄罗斯研究、东南亚研究、南太平洋地区国家研究 4 个方向的 34 名博士生。在课程设置上，研究院为不同背景和基础的学生提供了个性化选择，结合区域国别研究跨学科、注重田野调查与一手资料搜集等特点，将校内现有相关课程与新设课程相结合，建立了一个有 50 多门课程的课程库，其内容涉及经济学、政治学、社会学、教育学、文学、哲学、历史学、管理学、法学、国际关系学、环境科学、公共卫生学、考古学等多个学科领域，学生可以在课程库内自主进行选择，最终确定自己的学习方向。在导师配置上，针对区域国别研究的跨学科属性，研究院聘请北大 14 个院系的近 60 位教师组成高水平跨院系导师团队，采用“外语导师 + 地区导师 + 专业导师”的导师组形式，指导学生撰写出符合区域国别研究要求的学位论文。[③]

学科融合是清华地区研究院的人才培养核心能力之一，融合的学科包括政治学、经济学、社会学、公共管理学、历史学、法学、外国语言文学、新闻传播学、艺术学、生态学和工程技

---

① 宁琦：《区域与国别研究人才培养的理论与实践——以北京大学为例》，《外语界》2022 年第 3 期。

② 谭萌、杨体荣、魏运高丽：《“燕园 66 优创”团邀君共赴“区域国别学”盛宴》，《博望天下》第 1 辑，世界知识出版社 2022 年版，第 9 页。

③ 钱乘旦、兰旻：《中国特色区域国别研究人才培养之道——来自北京大学区域与国别研究院的思考与实践》，载北大区域国别研究编委会主编：《区域国别研究的理论与实践：基于北大的探索》，江苏人民出版社 2022 年版，第 211—212 页。

术等。[①] 清华地区研究院由“发展中国家博士项目”发展而来，目前培养对象是博士生，培养目标是博士毕业生应掌握主学科的基础理论和研究方法，可以运用跨学科方法研究区域国别问题，掌握至少两门外语（对象国语言和英语），能够系统深入地了解研究对象地区的历史、现状和前沿问题，具备独立从事学术研究的能力和成为区域国别研究领域学术领军人物的潜力。在培养方式上，导师负责与联合导师指导组相结合，根据学术培养需要，经与导师商议，再确定两位联合导师，分别为发达国家和对象国的区域国别研究或相应学科专家。导师与联合导师共同组成联合导师指导组，组长由导师担任。整个培养环节包括1—2年在学校完成基础课程，不超过1年在发达国家著名大学或科研机构从事研究工作，不少于2年在发展中国家的大学或科研机构从事研究工作（田野实践），之后在清华大学完成论文撰写和答辩。[②] 多数区域国别研究院系在人才培养中，采用多学科分别招生，再用同一套培养方案进行培养的方式。学位论文由学生所属的学科进行评议，之后分别授予不同学位，这可能导致所属学科无法评议其论文中的跨学科内容。清华地区研究院同样是授予主学科博士学位，不过其依托清华大学的制度优势，克服了传统建制中跨学科的内容本学科难以评定的不足。根据培养方案，博士学位论文首先经培养指导委员会审核，接着报学校交叉学科评定委员会和学校学位评定委员会审议，通过后可获得主学科博士学位。这在一定程度上克服了所

①《研究院综述》，清华大学国际与地区研究院，https://iias.tsinghua.edu.cn/yjygk/yjyzs.htm。

②《培养方案》，清华大学国际与地区研究院，https://iias.tsinghua.edu.cn/jxpy/pyfa.htm。

属学科可能难以评议的弊端。

在平台建设方面，两家单位皆开展系列活动，成果尤为突出。平台建设可分为论坛、讲座、学术出版物三个方面。北大区研院举办各层级的多种论坛与研讨会，例如，“天下论坛”是中高等规模的国际学术研讨会；① “博雅工作坊”邀请跨学科跨专业的学者展开小规模的、深入的研讨，每半个月左右举行一次，至今已经举办 54 期；② “博望天下”区域与国别研究博士生论坛则是由博士生自筹自办、自主参与的平台，至今已经举办三届，吸引国内外 20 余所高校的青年学生参与；③ “新芽沙龙”面向年轻学者和学生，以“跨界与活力”为特征，至今已举办 47 期。④2023 年，为庆祝建院五周年，北大区研院举办“名家沙龙”“青年沙龙”“有朋（Adventus amicorum）研讨”等系列活动，邀请各个学科领域的著名学者和青年学者分享其思想精华。⑤ 此外，还举办“自主知识体系构建与区域国别学新视野”系列研讨会，涉及内容涵盖中亚区域研究、日本地域研究、南亚区域研究等，进行学理探索。

清华地区研究院的标志性平台是“清华地区研究论坛”，自 2019 年创立以来，每两年举办一届，至今已举办三届。论坛涵

① 《天下论坛》，北京大学区域与国别研究院，https://ias.pku.edu.cn/xshd/txlt/index.htm。

② 《博雅工作坊》，北京大学区域与国别研究院，https://ias.pku.edu.cn/xshd/bygzf/index.htm。

③ 参见翟崑：《发刊词》，《博望天下》第 1 辑，世界知识出版社 2022 年版，第 2-3 页；谭萌、杨体荣、魏运高丽：《“燕园 66 优创”团邀君共赴“区域国别学”盛宴》，《博望天下》第 1 辑，世界知识出版社 2022 年版，第 13 页。

④ 《新芽沙龙》，北京大学区域与国别研究院，https://ias.pku.edu.cn/xshd/xysl/8cf338981ec040a5a63e323b1ad4e349.htm。

⑤ 《名家沙龙》，北京大学区域与国别研究院，https://ias.pku.edu.cn//xshd/yqhd/mjsl/index.htm。

盖撒哈拉以南非洲、西亚北非、南亚、欧亚、拉丁美洲和加勒比、东南亚等地区研究议题，从不同学科和视角切入。其论坛组织形式也很好地贯彻了跨学科的目标，论坛会议形式分为主旨论坛、各区域跨学科分论坛和跨地区议题分论坛三个部分。① 此外，清华地区研究院的学术讲座分为“两乡讲坛”“系列讲座”“独立讲座”“专题讲座”四个系列。“两乡讲坛”是地区研究院重点学术项目，于 2020 年秋季学期开始策划举办，邀请学术大家，② 至今已举办 24 讲；“系列讲座”与“独立讲座”则为契合地区院的六大研究区域而开设，③ 对目标区域进行政治、经济、宗教、卫生、艺术等多方面的解读。

在学术出版物方面，《北大区域国别研究》是综合性学术集刊，以基础研究为思想导向致力于跨学科研究，至今已出版七辑。④《战略务虚》《学术简报》和《燕南新见》等是针对性刊物，为区域与国别研究信息及知识传播提供平台。⑤《学术简报》是提炼学术活动中具有重要学术价值的观念与内容，涵盖区域与国别的方方面面。⑥ 研究院亦推出“北京大学区域国别研究丛书”，推介高水平学术成果，至今出版的著作既有著名专家学者

① 《第三届清华地区研究论坛征稿通知》，清华大学国际与地区研究院，http://forum.iias.tsinghua.edu.cn/IIASdqyjlt/2023nltxx/index.htm。

② 《第一讲：立国之战——抗美援朝战争与中国决策》，清华大学国际与地区研究院，https://iias.tsinghua.edu.cn/info/1252/2550.htm。

③ 《学术讲座》，清华大学国际与地区研究院，https://iias.tsinghua.edu.cn/xsyj/xsjz1/ztjz/a2022_2023_cj.htm，访问日期：2024 年 1 月 18 日。

④ 《学术集刊》，北京大学区域与国别研究院，https://ias.pku.edu.cn/xscg/xsjk/index.htm，访问日期：2024 年 1 月 18 日。

⑤ 谭萌、杨体荣、魏运高丽：《“燕园 66 优创”团邀君共赴“区域国别学”盛宴》，《博望天下》第 1 辑，世界知识出版社 2022 年版，第 13 页。

⑥ 《学术简报》，北京大学区域与国别研究院，https://ias.pku.edu.cn/xscg/xsjb/index.htm。

有关区域国别学科建设的讨论，也有“燕南 66 优创”团队的奇思妙想，还包括跨学科学者合作的创新成果。[①]

清华地区研究院的学术期刊分为《区域国别学》《田野调查》《南亚学》。《区域国别学》是综合性学术研究集刊，[②]至今已出版三辑。《田野观察》定位于区域国别研究方法论型集刊，至今出版一辑。[③]《南亚学》是学术集刊，登载针对南亚及与南亚相关的研究成果，内容涵括语言、文学、历史、文化、宗教、社会、区域国别问题等。[④]在出版物方面，规划出版“清华大学国际与地区研究院文库・专著”“清华大学国际与地区研究院文库・译著”和“清华大学国际与地区研究院文库・编著”三个品牌系列丛书。截至 2023 年年底，已出版专著 3 本，译著 14 本，编著 5 本。[⑤]《区域动态》是编译作品，按照清华地区研究院的六大目标方向，收集对象国媒体的最新报道，进行采编整理，展示各地区的最新发展动态，每个月更新两期。

概言之，北大区研究院和清华地区研究院基于名校优势与多年积累，依照跨学科理念进行探索，拥有鲜明的特点。一是研究院建设大体完备，已成相当规模。两家单位组织架构清晰、拥有专门的行政团队，分工明确、各司其职。建设完备也

---

①《本院丛书》，北京大学区域与国别研究院，https://ias.pku.edu.cn/xscg/xszz/bycs/index.htm。

②《〈区域国别学〉》，清华大学国际与地区研究院，https://iias.tsinghua.edu.cn/xsyj/xsqk1/qygbx/a2023.htm。

③《〈田野调查〉》，清华大学国际与地区研究院，https://iias.tsinghua.edu.cn/xsyj/xsqk1/tydc/a2023.htm。

④《〈南亚学〉》，清华大学国际与地区研究院，https://iias.tsinghua.edu.cn/xsyj/xsqk1/nyx/a2021.htm。

⑤《学术成果》，清华大学国际与地区研究院，https://iias.tsinghua.edu.cn/xsyj/xscg1/lw1.htm。

体现在网站与微信公众号建设，两家单位的网站设计精美、更新及时，公众号做同步推送，二者相配合，便于公众及时获得相关资讯，了解其最新发展动态，提供了高品质的学术公共产品。二是研究对象明确，北大区研院对全球重点地区展开研究，以“区域国别学理论”“国家发展与现代化”“区域整合与地缘关系”“一带一路”“文明交流与互鉴”五个问题为导向；[①] 清华地区研究院则以发展中国家为研究对象，覆盖东南亚、拉丁美洲和加勒比、南亚、欧亚、撒哈拉以南非洲及西亚北非六大区域。三是研究团队和人才培养实现跨学科组建，北大区研院致力于将研究院打造成全校外国问题研究平台，打破原有的边界，完成一些有协调性的、互帮互助性质的研究课题；[②]清华地区研究院拥有独立的专职教师团队，来自不同学科背景的学者对相同的地区进行研究。四是通过打造各类学术平台，聚合分散的人才，汇集海内外智慧。例如北大区研院善于调动青年力量，2019年组建“燕南66优创”团队，并在澎湃新闻设立“再看世界”专栏，聚集近百名年轻人发表的500余篇社会型学术作品。[③] 此外，北大区研院《博望天下》丛刊提供观察平台，召集海外学者、社会人士、留学生等群体从不同角度针对特定国家或地区撰写观察日志，[④] 其作品生动活泼、充满奇思妙想，同时不乏深刻洞见。

---

①《北京大学区域国别学学科建设研讨会举行》，北京大学新闻网，2023 年 7 月 1 日，https://news.pku.edu.cn/xwzh/380266781c304b369f484f925e7b759e.htm。

② 钱乘旦、刘军：《国别与区域研究的学科建设——钱乘旦教授访谈》，《俄罗斯研究》2022 年第 2 期。

③ 翟崑：《发刊词》，载北京大学区域与国别研究院主编《博望天下》第 1 辑，世界知识出版社 2022 年版，第 3 页。

④《〈博望天下〉征稿函》，载北京大学区域与国别研究院主编《博望天下》第 1 辑，世界知识出版社 2022 年版，第 367 页。

四 外语类院校代表性区域国别研究院的跨学科建设

外语院校在中国区域国别学跨学科建设中的作用与潜力不容忽视。区域国别研究外语先行，根源在于语言具有基础性地位，掌握外语方能正确认识世界、有效表达自己。外语院校的多语种优势具有能够突破英美话语垄断的战略意义。并且，外语院校凭借多语种优势，经长年积累，通常与国外建立起了广泛联系，这些都是发展中国区域国别学的可贵资源。从学科建制角度来看，外国语言文学是区域国别学学科建设的先行学科之一。在区域国别学成为一级学科之前，“国别与区域研究”首先在 2013 年成为外国语言文学的二级学科，其后在 2017 年的外语学科调整中，成为外国语言文学的五大研究领域之一。[①]这一重大调整打破了原有二级学科的界限，本身就是一种跨学科与跨领域的尝试。[②]

以外语学科的视角来看，区域国别学是从外国语言文学的二级学科升级为交叉学科门类的一级学科，[③]这对外语学科而言机遇与挑战并存。外语学科的知识体系与研究内涵得以拓展，同时带来研究范式与人才培养等方面的诸多挑战。外国语言文学专业的优势在于具有较强的语言能力与对外沟通能力，但因

---

① 2017 年，国务院学位办公室发布《学位授权审核申请基本条件（试行）》，对外国语言文学学科方向进行调整，将外国文学、外国语言学及应用语言学、比较文学与跨文化研究、翻译学、国别与区域研究列为外语学科的五大方向。

② 参见彭青龙：《论外语学科方向变化新特点与内涵建设新思路》，《外语电化教学》2018 年第 3 期。

③ 参见王银泉：《外语教育国家意识与外语学科跨学科融合发展》，《当代外语研究》2022 年第 1 期。

其偏重外语技能型训练，人文社科知识系统化掌握欠缺。[①] 故仅从外语本学科出发，容易停留在对研究对象的描述上，这需要与社会科学进行深度融合。不过，作为区域国别学科建设的先行者与推动者，外语院系发起的种种举措亦为区域国别学的跨学科探索带来启示。总体来看，外语院校在区域国别学跨学科建设中发挥着不可代替的作用。

外语院校的卓著贡献首先体现为搭建全国跨学科平台，会聚全国各学科学者进行跨学科交流。北京语言大学国别和区域研究院（以下简称为“北语国别院”）、北京外国语大学区域与全球治理高等研究院（以下简称为“北外高研院”），以及中山大学国际翻译学院相继搭建全国性平台乃至海内外平台建设。北语国别院成立于 2017 年 1 月，由罗林教授担任院长。教育部国别和区域研究工作秘书处与国别院合署运行，汇聚全国各方力量，促进学术交流合作，为全国国别和区域研究的科学研究、人才培养、资政服务和国际交流提供平台。教育部国别和区域研究工作秘书处负责协调与管理全国高校国别和区域研究，工作内容包括协助开展高校国别和区域研究的统筹规划、综合协调和业务指导，建设和维护国别和区域研究专家库，组织政策咨询和学术评议，国别和区域研究的信息建设，研究项目管理，协助开展面向所有高校国别和区域研究培育基地（备案中心）实行“一年一总结，三年一考核”，等等。[②] 在整合区域国别研究机构与学科过程中发挥巨大作用。

北外高研院成立于 2016 年 10 月，由北京外国语大学校长

① 陈海燕：《“一带一路”战略实施与新型国际化人才培养》，《中国高教研究》2017 年第 6 期。

②《学院概况》，北京语言大学国别和区域研究院，https://irs.blcu.edu.cn/art/2020/3/6/art_16043_1153108.html。

杨丹教授担任院长。作为北外区域国别学学科的发展平台，北外高研院是集科研、教学、政策咨询与人才培养为一体的综合型智库，依托北外已开设的101种外国语言教学专业，统筹协调全校40余个教育部备案区域国别研究中心，共同开展区域国别研究人才培养和学科建设。[①] 此外，2022年4月29日，北外主办的全球区域国别学共同体正式成立，该共同体是一个国际学者学术网络，由来自全球180多个国家、覆盖100多种语言的知名学者组成，致力于推进区域国别学相关学科的交叉。[②]

中山大学属于传统名校范畴，由于其前期区域国别工作由国际翻译学院开展，故暂纳入外语类院校考察。中山大学区域国别研究院成立于2023年12月，由陈杰教授任研究院院长，依托国际翻译学院管理。此前，2019年10月，在教育部国别和区域研究工作秘书处指导下，中山大学携多所高校在全国首倡发起"高校区域国别学人才培养与学科建设联盟"（简称"高校区域国别学联盟"或"高盟"），旨在推动中国区域国别研究的学科化、规模化和高质量发展。目前，联盟理事单位覆盖160所高校，涉及十多个一级学科，已创办包括联盟年会、中国区域国别学50人论坛、中国区域国别学青年50人论坛、全国区域国别研究院院长论坛、全国区域国别学刊物主编论坛等十多项具有广泛和深远影响力的全国性品牌活动。联盟秘书处设在中山大学区域国别研究院，[③]此前由中山大学国际翻译学院

①《北京外国语大学区域与全球治理高等研究院简介》，北京外国语大学区域与全球治理高等研究院，2019年4月8日，https://argg.bfsu.edu.cn/info/1127/1176.htm。

②《全球区域国别学共同体2023年春季学术研讨会在北外举行》，北京外国语大学新闻网，2023年5月4日，https://news.bfsu.edu.cn/archives/297322。

③《中山大学区域国别研究院面向海内外招聘高层次人才启事》，中山大学珠海校区管委会公众号，2023年12月30日，https://mp.weixin.qq.com/s/gPWRE9CN_IjnnmVQ3P4rgQ。

区域国别学团队承担秘书处功能。这些平台的建立极大地促进了跨学科研究人员的交往与智识流动。

在学术期刊建设方面，北语国别院《国别和区域研究》集刊入选CSSCI（2021—2022年）、（2023—2024年）收录集刊和中国人文社会科学AMI核心集刊，积极编写《区域国别学——学科建构与理论创新》一书，探讨区域国别学学科建设。[①] 北外高研院管理《国际论坛》（CSSCI）和《区域国别学刊》（原名为《区域与全球发展》）两个专业刊物。[②] 这两个刊物相继发表有关区域国别学学科发展的讨论，[③] 积极推动学科发展。

外语院校的另一大亮点在于探索推动复合型人才，进行跨学科人才培养。自2013年"国别和区域研究"成为二级学科后，全国外语院系展开人才培养实践。尤其是自2018年起，部分高校尝试区域国别复合型外语人才的培养。[④] 当前，中国区域国别人才培养实践刚刚起步，外语院校此前的诸多探索具有启发与参考作用。北外高研院设立了区域国别研究专业，这是北外自主设立的二级交叉学科硕士点，依托外国语言文学、政治学、管理科学与工程、法学、新闻传播学设立，授予文学硕士学位，研究方向包括"全球治理与国际组织研究"、"周边国家与区域研究"和"中国学研究"，面向多学科招生，联合开设国际政治、

---

① 丁钰梅、罗林：《高校国别和区域研究工作的发展、挑战与展望》，《南京理工大学学报》（社会科学版）2023年第6期。

②《北京外国语大学区域与全球治理高等研究院简介》，北京外国语大学区域与全球治理高等研究院，2019年4月8日，https://argg.bfsu.edu.cn/info/1127/1176.htm。

③ 例如《国际论坛》在2022年刊发《构建中国特色的区域国别学：学科定位、基本内涵与发展路径》《区域国别学的知识体系与学科建构》等系列论文，《区域国别学刊》设立"区域国别学科建设"专栏，在2023年刊发多期区域国别学科建设系列论文。

④ 张蔚磊、邹斌：《区域国别外语人才培养：为什么？怎么做？》，《外语教学理论与实践》2023年第3期。

世界经济、国际法和国际传播等方向课程。其培养特色是形成任务导向式的育人机制，通过大量交叉研究项目，让研究生参与不同层次、不同内容的研究实践，推动区域国别学跨学科研究。此外，北外高研院还尝试展开文理交叉，引入人工智能、数据科学工具。[①] 2023 年，中山大学成为全国首个区域国别学一级学科博士点单位。中山大学区域国别学一级学科下设区域国别学理论与方法、东南亚研究、大洋洲研究、中东研究和欧洲研究五大方向。[②] 一级学科的设立为培养高水平区域国别研究人才提供了制度上的保障。

上海全球治理与区域国别研究院成立于 2018 年 9 月，是在教育部和上海市人民政府的支持下、由上海外国语大学主办和运营的协同研究平台。理事会是研究院最高决策机构，理事单位涵盖上海地区多家高校与科研院所。[③] 研究院理事长由上海外国语大学原党委书记姜锋研究员担任，院长由上海外国语大学校长李岩松研究员担任，杨成教授担任研究院执行院长。上海全球治理与区域国别研究院在人才培养方面极具特色，不断

① 《北京外国语大学 2024 年招收攻读硕士学位研究生招生简章》，北京外国语大学研究生院，2023 年 9 月 22 日，https://graduate.bfsu.edu.cn/info/1074/2923.htm。

② 《中山大学成为国内首个自主设置区域国别学一级学科博士学位授权点单位》，中山大学国际翻译学院微信公众号，2023 年 9 月 21 日，https://mp.weixin.qq.com/s/ulLLUKE-vwIu0b_ycgttTQ。

③ 理事单位包括：复旦大学、上海交通大学、同济大学、华东师范大学、华东理工大学、上海财经大学、上海社会科学院国际问题研究所、上海国际问题研究院、上海大学、上海对外经贸大学、上海师范大学、上海理工大学、上海政法学院、上海外国语大学等高校或研究机构的区域国别研究培育基地与备案中心、智库研究机构。《铸上海品牌、创上海学说、建上海学派 —— 上海全球治理与区域国别研究院理事大会顺利召开》，上海全球治理与区域国别研究院，2022 年 2 月 14 日，http://www.saggas.shisu.edu.cn/ArticleDetail/ArticleDetail?ArticleId=97594c1d-b347-44de-a460-8ad17a32142b。

尝试新方案。

第一，自设国别与区域研究交叉学科。2020 年，上海外国语大学成功在教育部备案自设二级交叉学科“国别与区域研究”，并由上海全球治理与区域国别研究院负责该专业的学科建设与人才培养。该专业以“多语种 +”和“多学科 +”叠合为依托，招生方向包括区域国别理论与方法、比较区域国别研究、文明研究与跨文明比较、一体化与地区治理。① 其学科发展方向明确，“多学科 +”以人类学、历史学、地理学为核心学科，研究者可以以问题为导向再增补其他必备的学科理论、方法等，需要政治学就加政治学，需要经济学再加经济学，缺什么补什么。② 其后，“国别与区域研究”专业于当年招收研究生，成为国内首家正式推进区域国别研究交叉学科建设的高校。③

第二，创设众多项目，提供多学科交流与跨学科合作的机会。研究项目是对课程的良好补充。在探索过程中，研究院根据上海外国语大学的优势与自身定位，不断开拓新项目，目前已推出的项目包括“欧亚文明研究特色研究生班项目”“阿拉伯国家研究特色研究生班项目”“区域国别学全球欧洲专项”，以及其他众多项目计划。

“欧亚文明研究特色研究生班”（以下简称“欧亚班”）项目于 2018 年推出。作为先行先试的项目，欧亚班是以“多语种 +”

---

①《2024 年国别与区域研究专业博士生招生简章》，上海全球治理与区域国别研究院，2023 年 11 月 22 日，http://www.saggas.shisu.edu.cn/ArticleDetail/ArticleDetail?ArticleId=434fd032-6b6a-4b9f-831c-2eb024c9c575。

② 杨成：《区域国别学与国际关系学的差异性及其学科化路径》，《南京大学学报》（哲学·人文科学·社会科学）2023 年第 4 期。

③ 杨成：《区域国别学与国际关系学的差异性及其学科化路径》，《南京大学学报》（哲学·人文科学·社会科学）2023 年第 4 期。

和“多学科 +”相互支撑、相互促进为特色的新型研究生培养体系。欧亚班的教学团队由国内外知名学者和专家组成，此外，学生还将有机会参与学术会议、研讨会和国际交流活动，与来自世界各地的学者和研究人员进行深入的学术交流。这些交流机会将帮助学生建立广泛的学术网络，拓展国际视野，并为未来的学术研究或国际事务工作做好准备。研究院鼓励学生赴研究对象国、俄罗斯及发达国家俄罗斯—欧亚研究领域的一流学术机构访学，完成相应的田野调查等规定任务，并撰写较高质量的学位论文。自创设以来，欧亚班累计资助 150 余名研究生赴 15 个国家开展田野调查，总时长达 1868 天，显著加深了学生对研究对象的感性认识和理性认知，明显提升了学生的多语能力、科研能力、全球理解力、全球表达力和跨文化沟通力。①

2022 年，依托上海外国语大学阿拉伯语及其研究优势，研究院开设“阿拉伯国家研究特色研究生班项目”，该项目是进一步的创新尝试，联合校内外师资力量，围绕“跨学科、跨语种、跨专业、跨行业、跨国界”的课程建设要求，开设阿拉伯国家热点问题及治理研究、阿拉伯国家国别研究、中阿关系及相互认知研究三大研究方向，并拟开设一系列特色课程。②

---

①《欧亚文明研究特色研究生班项目特色》，上海全球治理与区域国别研究院，2023 年 6 月 14 日，http://www.saggas.shisu.edu.cn/ArticleDetail/ArticleDetail?ArticleId=e2f4afc8-ae27-45ee-beb8-62a3afd65a59。

② 这些特色课程包括：国别与区域研究基础、国别与区域研究方法、国别与区域研究经典案例分析、区域国别研究与数据科学、阿拉伯国家政治思想史、高阶阿拉伯语、阿拉伯国家区域国别研究文献阅读、阿拉伯伊斯兰文明导论、阿拉伯国家发展道路研究、阿拉伯国家的民族和宗教问题研究、阿拉伯国家国别研究、中阿关系及相互认知研究、阿拉伯国家热点问题及治理研究等。参见《阿拉伯国家研究特色研究生班项目介绍》，上海全球治理与区域国别研究院，2023 年 6 月 14 日，http://www.saggas.shisu.edu.cn/ArticleDetail/ArticleDetail?ArticleId=99090f44-d986-4156-b02b-051994730b00。

2024 年，研究院为解决欧洲研究领域高层次领军人才短缺难题而设立“区域国别学全球欧洲专项”（以下简称“欧洲专项”）博士生招生计划，以超常规方式培养欧洲研究的“国别通”“区域通”“领域通”人才，进行应用型基础研究。该专项对欧洲开展整体和系统研究，围绕欧洲内部问题、欧洲与外部关系、中欧互动互鉴三大方向开展“全球欧洲”研究。在具体培养上，实行跨语言、跨专业、跨院系、跨学科、跨学校协同培养，采取导师组联合指导方式，以问题为导向，以科研为支撑，专项博士生在读期间须完成 5 个“1”目标：1 本译著、1 项专题课题、1 年海外研修及田野调查、1 篇以上高质量海外田野调查或决策咨询报告、1 次三个月以上实务部门或智库实习。本专项将充分发挥上海外国语大学国际合作网络优势，为专项博士的海外田野调查、研修及联合培养提供可靠保障。首期遴选博士生 10 名。①

可以看到，这三大项目体现了研究院的不断努力与探索进程，其人才培养目标与方案日益明晰成熟。最初的欧亚班明确了跨学科建设中的核心学科问题，并将跨学科建设覆盖学术交流与田野调查。这在跨学科探索中走出第一步。“阿拉伯班”在欧亚班的建设基础上，进一步明确了研究方向与课程，并且在原来跨学科的基础上进行“跨语种、跨专业、跨行业、跨国界”探索。2024 年设立的欧洲专项是研究院结合此前实践经验、借鉴先行单位的示范，进一步明晰人才培养的思路。除以上三大项目外，研究院还有“非通用语种人才支持计划”等多项计划，选派联合培养研究生，提供赴中亚国家高校开展交流学习的机

① 《SAGGAS 2024 年区域国别学全球欧洲专项博士生招生简章》，上海全球治理与区域国别研究院，2023 年 11 月 22 日，http://www.saggas.shisu.edu.cn/ArticleDetail/ArticleDetail?ArticleId=d778af2d-f0c6-4bd3-aa7b-13df4ce57a9d。

会。经过多年建设，2023 年度研究院在读硕博研究生规模突破 100 人，国别与区域研究交叉学科新增全球文明史、世界艺术史两个特色招生方向。[①] 现已初步形成了跨语种、跨专业、跨学科、跨院系、跨行业、跨国界的资源整合，其跨学科交叉融合覆盖了课堂教学、科研实践和海外田野调查等，收到良好的效果。

五　地方高校代表性区域国别研究院的跨学科建设

中国区域国别研究历经 70 余年的积累，在高校层面早已形成地区分工的格局。中华人民共和国成立不久，沿海、沿边省份的高校即设立对与之相邻国家或地区开展研究的机构，比如厦门大学在 1956 年成立南洋研究所，暨南大学在 1960 年成立东南亚研究所，辽宁大学在 1964 年成立日本研究所，吉林大学在 1964 年成立日本问题研究室和朝鲜问题研究室等。[②] 这是开展区域国别学科建设的巨大财富，也蕴含无尽的潜力。正如王逸舟教授所指出的，“在中国这样一个幅员辽阔、各地发展与对外交往极具特色的超大国家，特别需要鼓励地方高校和老师积极性的发挥，激活各自的存量资源、研究潜力及探索尝试”。[③] 浙江师范大学非洲区域国别学院（简称为“浙师大非洲研究院”）和华侨大学华侨华人与区域国别研究院是地方高校中具有代表

---

① 《上海全球治理与区域国别研究院 2023 年度十大亮点工作》，上海全球治理与区域国别研究院，2023 年 11 月 22 日，http://www.saggas.shisu.edu.cn/ArticleDetail/ArticleDetail?ArticleId=7fe92804-5ffb-4173-8a01-40703d4f5aac。

② 任晓：《再论区域国别研究》，《世界经济与政治》2019 年第 1 期。

③ 王逸舟：《创造性推进我国高校区域国别研究》，《南大区域国别研究简讯》第 2 期，南京大学区域国别研究院微信公众号，https://mp.weixin.qq.com/s/UNE1nA51z96SStLH_8KcUA。

性的两所单位，它们对跨学科建设的探索值得参考与借鉴。

第一，基于地区优势与长期积累进行建设，研究方向明确，机构建设相对完备。非洲是金华出口第一大市场，金华已与非洲所有国家和地区建立贸易往来。①20 世纪 80 年代，浙江师范大学就开始招收短期来华留学生。截至 2022 年 11 月，学校已累计培养 8000 余名非洲留学生。② 地区优势与学校的长期积累为浙江师范大学发展非洲研究提供助力。2007 年，浙江师范大学成立非洲研究院，这是全国首家高校实体性非洲研究机构。在此基础上，于 2022 年年底成立浙江师范大学非洲区域国别学院。非洲研究是浙江师范大学省重点高校建设的品牌学科，由校党委书记、校长担任学科建设领导小组组长，刘鸿武教授担任院长和学科带头人。非洲研究院拥有独立建制，秉持“实体化、综合化、国际化”的建设方针，下设非洲政治与国际关系、非洲经济、非洲教育、非洲历史与文化 4 个研究所，东非区域国别研究中心、非洲法语国家研究中心、尼日利亚研究中心等 9 个区域国别研究中心。研究院还建有非洲图书资料中心、非洲特色数据库、非洲博物馆。

2023 年 12 月，浙江师范大学成立全国首个非洲区域国别学学部，这也是中国高校首个区域国别学学部。学部组织是交叉学科建设的重要载体。浙江师范大学非洲区域国别学学部作为学术治理机构，旨在以“大问题、大融合”为宗旨，深度实现校内相关院系的资源整合，促进学科交叉融合，提高内部管

① 《金华：中非经贸往来的战略枢纽》，金华市人民政府，2022 年 11 月 16 日，http://www.jinhua.gov.cn/art/2022/11/16/art_1229159979_60245639.html。

② 《中非教育合作的金华实践》，金华市人民政府地方志编纂室，http://www.jinhua.gov.cn/art/2022/11/18/art_1229485937_60245750.html。

理效率，形成学科综合优势，推进学校非洲区域国别学学科高质量发展。[①]区域国别学学部的成立克服了以往传统学部的弊端，便于对区域国别研究成果进行评审、对区域国别学学者开展职称评定，在制度上助力区域国别学跨学科融合。

福建是侨务大省。华侨大学地处福建，横跨泉州、厦门两大中心城市，福建拥有极其丰富的华侨华人历史。同时，福建长期处于海峡两岸的历史、文化、政治、经济脉络链接下，与港澳台始终密切关联，与粤港澳大湾区、浙江、上海，几大核心方向产生独特区位链接，涵盖整个中国的沿海发展战略、亚太海洋发展战略关键节点。[②]依据学校所属的特殊地理位置，华侨大学华侨华人与区域国别研究院定位清晰，即面向海外、以侨为桥、为侨服务，将华侨华人研究与区域国别研究相结合。华侨大学华侨华人与区域国别研究院成立于 2021 年 11 月，并于 2022 年 6 月正式揭牌，由吴小安教授担任院长。研究院是华侨大学重点建设的实体科研机构，聚合来自历史学、政治学、人类学、社会学、经济学、文学、传播学与文化研究等多学科、跨学科人才，开展中长期研究和智库建设。研究方向包括全球中国与华侨华人、中华文明与华侨华人、亚太区域与华侨华人、印度洋区域与华侨华人、比较移民与华侨华人、侨乡文化与华侨华人六大研究方向群，且以华侨华人资料中心、《华侨华人文献学刊》、四端文物馆、国务院侨务办公室侨务理论研究福建基

---

①《浙江师范大学成立全国首个非洲区域国别学学部》，光明网，2023 年 12 月 14 日，https://difang.gmw.cn/zj/2023-12/14/content_37029434.htm。

② 吴小安、王婉潞：《实现交叉融合的、具有中国元素的区域国别学探讨——华侨大学华侨华人与区域国别研究院院长吴小安教授访谈》，《南大区域国别研究简讯》特刊第 6 期，https://mp.weixin.qq.com/s/L3_JbTOg4d4PVMnVI0mPYA。

地四大要素板块为支撑。①

第二，研究院拥有独立编制，注重培育团队文化。浙江师范大学非洲研究院的专职科研与管理人员共有 50 多人，其中拥有正高级职称的有 7 人，拥有副高级职称的有 8 人，非洲籍学者 4 人，拥有博士学位的专任教师占比超 95%，且其中 90% 以上有赴非洲国家访学考察经历。② 在刘鸿武教授的带领下，研究院有稳定的领导班子、专职科研团队、行政团队，以及良好的办公环境与稳定持续的经费支持，经过十几年的发展，研究院搭建起超越传统学科、学院体制的跨学科、综合性的科研与管理团队。③

华侨大学华侨华人与区域国别研究院的特色在于跨学科的团队文化与团队共同体的培育。研究院的学术定位是跨学科、多学科的交叉融合，研究院据此进行跨学科布局，整合成一支具有多学科、跨学科背景的研究团队。团队现有专业教师 21 人，学科背景涵盖历史学、人类学、社会学、经济学、政治学、国际关系、文学、哲学和文化研究等。④ 吴小安教授指出，跨学科涉及机构文化、知识共同体，研究院致力于学术氛围、学术文化、跨学科的共同体建设。而研究院的独立编制极大地助力这种文化的培育。在培育团队文化方面，华侨大学华侨华人与

① “RIGCAS 组织架构”，华侨大学华侨华人与区域国别研究院，https://rigcas.hqu.edu.cn/gyRIGCAS/zzjg.htm。

② “研究院简介”，浙江师范大学非洲区域国别学院，https://ias.zjnu.edu.cn/bygk/list.htm。

③ 徐薇、赵麒宇：《中国区域国别研究与学科建设的回顾与展望：兼论日本的启示——基于近 20 年来立项课题与发表论文的知识图谱可视化分析》，《区域国别学刊》2023 年第 3 期。

④ 吴小安、王婉潞：《实现交叉融合的、具有中国元素的区域国别学探讨——华侨大学华侨华人与区域国别研究院院长吴小安教授访谈》，《南大区域国别研究简讯》特刊第 6 期，https://mp.weixin.qq.com/s/L3_JbTOg4d4PVMnVI0mPYA。

区域国别研究院开展系列活动，内部活动包括“再出发”系列、“研究进展”系列，以及定期的“读书研讨”系列；对外活动则邀请嘉宾做讲座，举办国际学术工作坊、国内学术工作坊等。“这样慢慢地形成一种制度、一种文化，机构的制度文化和智识生产的激荡氛围，乃至形成共同体意识。”研究院通过跨学科整合成一个团队，其中每个人又是独立的；议题是共同的区域国别，但专业的切入是华侨华人。研究院专业团队明晰研究院的定位，了解华侨华人和区域国别的大主题和大框架，令出身于不同学科背景的研究者，在这样的跨学科团队中，进行日常的、不同维度的参与和头脑风暴科研协作，同时也做自己研究项目的设计。如此发展，尽管每个人是在独立做研究，但同时每个人也在进行跨学科实践。[①]

第三，人才培养独具特色，建立交叉学科硕士点。经由十余年探索，浙江师范大学非洲研究院的人才培养体系与组织架构逐步成熟。2011 年，浙江师范大学非洲研究院设立政治学一级学科硕士点，下设非洲国际关系与非洲国际政治方向；2012 年，自主设置国内首个“非洲学”交叉学科硕士点，跨历史学、教育学两个一级学科；2015 年设置国内首个“非洲教育与社会发展”交叉学科博士点；2018 年在中国史博士点下设置中非关系史二级学科方向；2021 年，区域国别院与非洲人文地理成为二级学科方向，并于 2022 年春季开始招收博士生。[②] 围绕非洲

① 吴小安、王婉潞：《实现交叉融合的、具有中国元素的区域国别学探讨——华侨大学华侨华人与区域国别研究院院长吴小安教授访谈》，《南大区域国别研究简讯》特刊第 6 期，https://mp.weixin.qq.com/s/L3_JbTOg4d4PVMnVI0mPYA。

② 徐薇、赵麒宇：《中国区域国别研究与学科建设的回顾与展望：兼论日本的启示——基于近 20 年来立项课题与发表论文的知识图谱可视化分析》，《区域国别学刊》2023 年第 3 期。

研究，浙江师范大学非洲研究院形成了跨外国语言文学、中国史、世界史、教育学、地理学、政治学六个一级学科交叉培养复合型区域研究硕士、博士高端人才的学科矩阵，与校内各部门、学院形成了深度协同合作及立体交叉关系，提升与促进了彼此资源共享、体系共建、学术创新及对外影响。与此同时，聚焦非洲研究的多学科课程体系，教材建设也在不断完善中，与尼日利亚伊巴丹大学、南非纳尔逊·曼德拉大学、坦桑尼亚达累斯萨拉姆大学深度合作联合培养硕士、博士、访问学者，并获得多项省级研究生教学成果一等奖。[①]

华侨大学华侨华人与区域国别研究院独立招生，现有世界史一级学科硕士点、国别和区域研究交叉学科硕士点。跨学科的理念贯穿在培养目标之中，“展开专题性、跨学科的前沿议题研究”是世界史专业的培养目标之一，“跨学科、跨文化的分析视角和区域国别研究的基本技能”是国别和区域研究专业的目标之一。[②] 首批硕士生于 2023 年 9 月入学。

第四，研究成果独具匠心，具有标识性。经年的研究与实践使浙江师范大学非洲研究院得以产出一系列有特色的研究成果。2019 年，院长刘鸿武教授结集出版《非洲学发凡：实践与思考六十问》，这是国内首部探讨非洲学建设的、集理论与实践于一体的著作。[③]2023 年，浙江师范大学非洲研究院发布“浙

---

① 徐薇、赵麒宇：《中国区域国别研究与学科建设的回顾与展望：兼论日本的启示——基于近 20 年来立项课题与发表论文的知识图谱可视化分析》，《区域国别学刊》2023 年第 3 期。

②《华侨华人与区域国别研究院硕士招生专业介绍》，华侨大学华侨华人与区域国别研究院，2023 年 9 月 20 日，https://rigcas.hqu.edu.cn/info/1321/3541.htm。

③ 徐薇、赵麒宇：《中国区域国别研究与学科建设的回顾与展望：兼论日本的启示——基于近 20 年来立项课题与发表论文的知识图谱可视化分析》，《区域国别学刊》2023 年第 3 期。

江师范大学非洲区域国别学丛书”首批成果。正如刘鸿武教授所言，“非洲问题非常复杂，涉及领域广泛，许多问题都不能单独解释，如非洲政治问题、经济问题，其实都是与非洲的文化、宗教、种族、生态等问题搅在一起的，因而是一个整体问题。要回答这些问题，就需要我们从不同的领域、不同的学科对它开展研究”。① 浙江师范大学非洲研究院推出的丛书贯彻了这一理念，丛书涉及非洲研究的方方面面，包括地理、法律、教育、文化、人文交流、中非关系等，共有 23 部著作。② 以其中的法律系列为例，该系列涉及非洲多项具有特色的法律，是对非洲法律体系及最新研究成果的完整体现，具有相当的参考价值，且对国内企业开展非洲业务具有现实意义。③

华侨大学华侨华人与区域国别研究院院长吴小安教授的专著《区域与国别之间》于 2021 年出版，是关于区域国别的专题著作，秉持多学科、跨学科视角，具体研究东南亚研究与华侨华人研究之间、历史学与其他学科之间、中国与东南亚之间、东南亚地区内各次区域与地方之间、华人家族与东南亚地方历史与地区

① 刘鸿武：《中国区域国别之学的历史溯源与现实趋向》，《国际观察》2020 年第 5 期。

② “浙江师范大学非洲区域国别学丛书”涵盖《当代非洲国别地理系列》《非洲法律翻译及研究丛书》《非洲区域国别学教材系列》《非洲区域国别研究译丛》《非洲学科教育研究丛书》《非洲文化发展与中非人文交流研究丛书》《非洲学者论中非关系系列丛书》等系列，包括《中非人文交流简论》《非洲联盟法》《乌干达现代史》《尼日利亚高等教育发展进程研究》《建交 50 年：中国—尼日利亚交往史》在内，共有 23 部著作。参见《浙江师范大学成立全国首个非洲区域国别学学部》，光明网，2023 年 12 月 14 日，https://difang.gmw.cn/zj/2023-12/14/content_37029434.htm。

③ 丛书包括：《非洲联盟法：一个自成体系法律秩序的兴起》《非洲采掘业法》《非洲法律理论与当代问题：评论集》《非洲石油和天然气法的当地成分：尼日利亚等国的启示》。参见《浙师大非洲区域国别学系列丛书 非洲法律翻译及研究丛书出版》，浙师大非洲研究院微信公众号，2024 年 1 月 5 日，https://mp.weixin.qq.com/s/OiZOpSWQUrvzPd-QsLIJcA。

之间的关系。《区域与国别之间》分为“学科方法论”与“专题个案研究”两编，其亦对区域国别学学科进行了讨论，谈及区域和国别的概念、区域研究的范式、区域与国别之间的智识含义。①

六 结论

区域国别学的跨学科建构是2022年度中国十大学术热点。②2023年，外国语言文学、历史学、国际关系学、人类学等学科积极探讨本学科如何与区域国别学融合发展。交叉融合的学科建设思路已经成为各高校推动区域国别研究学科建设工作的广泛共识。③但这一高远理想最终要依靠具体院所的长期建设而落地。本文围绕组织结构、研究人员、人才培养、平台建设等维度，对部分发展领先的高校区域国别研究院跨学科建设进行初步考察。初步结果显示，各机构在跨学科的探索上各有特色，亦有共同之处值得借鉴。

一是研究院建设思路清晰、定位明确，结合自身优势进行跨学科发展。不少机构经过长期的发展积累，已经形成自身的特色与势能。这种特色可能是基于所属学校本身的学科优势，例如外语院校；也可能基于学校所在的地理位置，例如特定地区的高校。本文所考察的学校无一不是充分利用了自身优势。在建设过程中，各个机构有明确的研究对象，且对跨学科具有清晰定位，例如在研究对象上，北大区研院以五大问题为导向，

---

① 吴小安：《区域与国别之间》，科学出版社2021年版，第1—43页。

② 光明日报理论部、学术月刊编辑部、中国人民大学书报资料中心：《2022年度中国十大学术热点》，《光明日报》2022年12月30日第11版。

③ 罗林：《着力构建与我国大国地位相符的区域国别研究》，中国社会科学网，2022年11月17日。

清华地区研究院重点研究六大区域；在跨学科定位上，北大区研院以国际关系、历史、外语为主导，上海全球治理与区域国别研究院以人类学、历史学和地理学为基础，[①]浙江师范大学非洲研究院以历史学、地理学、外国语言文学为基础性核心学科。[②]

二是重视人才培养，打造有特色的跨学科人才培养方式并不断进行优化。既有不少区域国别研究机构以智库建设为主，但本文考察已显示，这些领先的区域国别研究院皆招收研究生，且绝大多数设立交叉学科进行培养，制定跨院系、跨学科的培养方案，并通过项目制度进行补充完善，其跨学科建设覆盖人才培养的过程。不过，不少学者指出，教师、研究团队建设才是当务之急。在这方面，华侨大学华侨华人与区域国别研究院的团队文化培育带来相当的启示。

三是通过平台建设聚合人才，汇聚各界人士的智慧和能量，提供多学科交流与跨学科合作的机会。正如刘新成教授所言，人才不是没有，只是散落在不同角落。[③]这些代表性单位都经由不同平台有效地聚合起人才。拥有独立建制的研究院在聚合人才进行跨学科研究上具有天然的优势。冯仲平研究员在介绍哈佛大学欧洲研究中心时提及，“尽管学科研究重点各异，但大家都在同一栋楼里，可以相互交流探讨，相互启发。尤其是学术讲座，不同学科的人都会去听”。[④]各家单位在平台开发方

---

① 杨成：《区域国别学与国际关系学的差异性及其学科化路径》，《南京大学学报》（哲学·人文科学·社会科学）2023 年第 4 期。

② 刘鸿武：《中国区域国别之学的历史溯源与现实趋向》，《国际观察》2020 年第 5 期。

③ 刘新成：《对区域国别学及其学科建设的几点看法》，《区域国别学刊》2023 年第 4 期。

④ 冯仲平：《打造实用性和综合性的具有中国特色的区域国别学》，《区域国别学刊》2023 年第 4 期。

面各有特色，如北大区研院发挥年轻人的力量，《博望天下》为海内外各界人士提供贡献区域国别知识与智慧的平台。上海全球治理与区域国别研究院则以课题、访问学者等方式聚合人才，其开放性课题面向多家理事单位开放；访问学者则面向全国开放，吸引优秀学者交流，在研究院原有基础上，加强知识的流动，促成跨学科研究的实现。

四是各家单位都得到学校层面的大力支持，机构建设大体完备。例如，北京外国语大学举全校之力推动区域国别学的学科建设，[①]清华地区研究院、上海全球治理与区域国别研究院的理事长皆由校领导担任，华侨大学着力将华侨华人与区域国别研究院打造成华侨大学独特优势学科支撑与品牌，等等。

既有讨论与初步实践亦表明，中国学者采用的是跨学科的方法，追求超学科的结果，亦即“交叉学科”，但起步阶段往往呈现“多学科”的形式。在中国高校区域国别研究机构建设中，首先发展起来的是“多学科”，即将知识作为目的，以获取对目标地区与国家的综合性、整体性认知。尽管多学科被认为是一种弱交叉的形式，但其有自身价值所在，在区域国别研究的起步阶段，正是需要借助多学科的探索与积累，逐步构建对特定地区或国别的全面认识，进而在此基础上融会贯通，为跨学科提供基础。正如杨丹教授所言，“我们要接受新的交叉学科的状态演化，可能存在着‘水果拼盘’到‘果汁’，再到‘新水果’形成的若干阶段。目前我们正处在‘水果拼盘’阶段，虽然现在并不太令人满意，但这是必经的阶段”。[②]经由多学科的知识

① 刘新成：《对区域国别学及其学科建设的几点看法》，《区域国别学刊》2023年第4期。

② 杨丹：《区域国别学科建设面临的四个层次问题》，《区域国别学刊》2023年第5期。

累积，逐渐进行以问题为导向的跨学科研究，再从问题导向的区域国别研究逐步迈向理论创新的区域国别学，也就是从“跨学科”进化到“超学科”，实现真正的交叉学科。

不过，由于各校的实际情况千差万别，各个单位的既有积累与发展重点不同，这使跨学科建设无法统一规划、整齐划一，需要结合自身实际情况进行学科建设。还需说明的是，跨学科交叉融合固然重要，但是否需要跨学科要根据问题而定，不宜盲目追求跨学科研究。“融合”一定不是硬性嫁接与合并，而是基于现实需求的问题为导向的思考与实践。[①] 多位学者建议，应先从单一学科角度切入，立足于各自专门学科的基础之上，进行跨学科的实践。不可盲目追求从多学科进行研究，否则研究难以深入。[②]

当下，区域国别学正处于极快速的发展阶段，全国范围内的区域国别研究机构展开多元的探索路径，其未来发展值得期待。本文选取部分具有代表性的区域国别研究院，对其跨学科建设进行初步考察，总结成功经验，希冀提供一些经验与启迪。文章在具体列举过程中难免挂一漏万，对于文中不当之处，唯愿抛砖引玉，期待学界对这一课题进行定期跟踪研究，以推进中国区域国别学的跨学科建设。

---

① 朱翠萍：《区域国别研究的难点与学术启示》，《印度洋经济体研究》2023年第1期。

② 参见李晨阳：《关于新时代中国特色国别与区域研究范式的思考》，《世界经济与政治》2019年第10期；吴小安：《区域与国别之间》，科学出版社2021年版，第42页。

Abstracts

International Public Goods Supply and Global Governance Approach with Chinese Characteristics

Cao Dejun

Abstract: The imbalance between the supply and demand of international public goods is the core dilemma of current global governance. For a long time, mainstream economics has analyzed the duality of non-competitiveness and non-exclusiveness, which has revealed the collective action dilemma of the insufficient supply of public goods, but neglected the supplying competition. International public goods have collective characteristics in the consumer side, while competitive characteristics in the supply side. To enhance their own international influence, the great powers will compete to launch international public goods to attract other countries. In the process of transferring power, the supply competition of international public goods highlights the hierarchical stratification and functional differentiation of global governance. Based on the dimension of vertical competition and horizontal differentiation, there are four modes of international public goods supply approaches, namely mismatch competition approach, substitution competition approach, superposition competition approach and coordination competition approach. Today China has become a key leader in global governance, it also faces intense great power competition and challenges. In the short term (before 2030), China should focus on implementing innovative solutions to global initiatives, and solidly enhance the international recognition of China's global governance. In the medium and long term (until 2050), China should strive to reduce governance costs, promote the gradual expansion, upgrading and optimization of the global governance system.

Keywords: International Public Goods; Ecological Niche Competition; Global Governance; China's Diplomatic Practice

Situations of Weak Civilian Control in Civil-Military Relations in India: A Study on the Manmohan Singh and Rajiv Gandhi Governments

Wei Han

Abstract: India's civil-military relations since independence have been characterized by strong civilian control. However, weak civilian control at the level of bureaucratic interaction has still arisen in this pattern of civilian control for the purpose of preventing military coups, which can be explained by fluctuations in the degree of normative internalization. Civilian governments in India have achieved civilian control of the military from a position of strength and bureaucratic advantage by balancing the power of the military and limiting the influence of the military bureaucrats, but the degree of normative internalization shaped by the centralizing capacity of the civilian leadership, the socio-cultural climate, and the assessment of external threats has resulted in varying levels of civilian control of bureaucratic interactions in successive civilian governments. Amid the Rajiv Gandhi and Manmohan Singh governments, weak civilian control occurred in both cases, despite differences in external threat assessments, due to the weak centralizing capacity of civilian leaders and the social prestige and bureaucratic status of the military, which had been enhanced by the victories in foreign wars achieved by the previous governments.

Keywords: Civil-Military Relations; Civilian Control; Manmohan Singh; Rajiv Gandhi

The Diplomatic Discourse in Presentia: A Comparative Study on the Cases of China, France and Japan

Zong Huawei

Abstract: Competences of diplomatic discourse are an essential part of the diplomatic competences of China as a major country, and they are key to enhance China's discursive influences and tackle discursive predicaments. Competences of diplomatic discourse refer to the extent to which subjects of discourse can produce power effects and power relations through discursive practices. Therefore, it needs to examine the competences in and through discursive practices, and concretely along the following dimensions: the presence of discourse, its meaning construction, its performative effect, and the alliance of discourse. Using the competence framework based on discursive practices, this article has conducted a comparative study on the competences of diplomatic discourse of China, France, and Japan in the field of UNESCO. It finds out that China has an increased presence of discourse over the past few years. However, compared to France and Japan, China could further improve its efforts in meaning construction, discursive alliances, and speech acts. China should further learn from the countries with strong and featured competences of diplomatic discourse to enhance its own competences through active and effective discursive practices.

Keywords: Diplomatic Discourse; Competences of Diplomatic Discourse; Discursive Practices; UNESCO

Progress of Interdisciplinary Construction of Representative Area Studies Institutes in Chinese Universities

Wang Wanlu

Abstract: Interdisciplinary is the natural mission of the construction of the discipline of area studies. However, the interdisciplinary discussed in China's academic circles is a broad concept, with multiple levels of multidisciplinary, interdisciplinary, and transdisciplinary. In recent years, a number of area studies institutes have carried out preliminary exploration and practice of interdisciplinary construction. This article selects some representative institutes, and examines the progress of their interdisciplinary construction in four dimensions: organizational structure, research team, talents cultivation, and platform construction. Preliminary investigation shows that the interdisciplinary construction of these institutes has their own characteristics and common features. First, all the representative institutes have clear ideas of construction, clear positioning, and combines their own advantages to carry out interdisciplinary development. Second, they attach importance to talent cultivation, and create a characteristic interdisciplinary talent cultivation method and optimize it continuously. Third, they aggregate talents through platforms construction, and bring together the wisdom and energy of people from all walks of life. Fourth, they obtain strong support from the university level, and the institutional construction are greatly supported by the universities, and the institutional construction is generally complete. China's areas studies is in the stage of rapid development, while referring to these successful experiences, institutes should also apply them in accordance with their own actual situation.

KeyWords: Area Studies; Interdisciplinary; Interdisciplinary Discipline; Discipline Construction; Area Studies Institutes

《南大区域国别研究》体例要求

一　格式要求

1. **论文要件**：标题名、中文内容提要及关键词、作者名及简介、英文内容提要及关键词、正文。中文摘要300字为宜，关键词3—5个。内容提要应体现论文的研究问题、主要观点和结论，不宜写成前言、背景或结论，尽量避免使用“基本”“重要”“主要”等可有可无的副词或形容词，不宜出现“本文”“笔者”等说法。作者简介请标明工作单位、职务、职称、通信地址、电话、电子信箱、所在城市和邮政编码。如系有关部门的基金项目，请注明项目的正式名称和编号。

2. **翻译要求**：外国人名的翻译参照商务印书馆2007年出版的英语、德语或法语姓名译名手册；专业术语的翻译应以《人民日报》和新华社的翻译为准，较生僻或可能引起歧义翻译应附原文。

3. **标题层级采用以下格式**：一、（一）、1、（1）段落内叙述文字可用①②③。

4. **数字格式**：整数一至十一般用汉字表示，十位以上数字、百分比、分数或日期等则由阿拉伯数字表示。

5. **图表说明**：图表要有标题，注明图表来源。图表遵循“先见文后见图表”的原则安排图表位置，正文中提及图表时，避免使用“上图（表）表明”之类的文字，应明确为表 1、图 1 等。

二 注释体例

本刊采用页下注（脚注），以“①②③……”的形式标出，每页依序重新编号；一般情况下，引用外文文献的注释仍从原文，无须另行译出；文章正文后不另开列“参考文献”；所引资料及其注释务求真实、准确、规范。

1. **专著**

陶文钊：《国际关系史》第二卷，上海人民出版社 2016 年版，第 59 页。

Steven I. Wilkinson, *Army and Nation: The Military and Indian Democracy since Independence*, Cambridge: Harvard University Press, 2015, p.102.

王逸舟主编：《国际政治理论与战略前沿问题》，社会科学文献出版社 2007 年版，第 58—59 页。

Stephen D. Krasner, ed., *International Regimes*, Ithaca: Cornell University Press, 1983, p.2.（如为英文编著，编者姓名后加“ed.,”（编者为一人）或“eds.,”（编者为二人以上）

Mary Field Belenky, et, al., *Women's Ways of Knowing: The Development of Self, Voice, and Mind*, New York: Basic, 1986, p.123.（如著作者为三人以上，第一责任者姓名之后可省略为“et al.”）

［美］塞缪尔·亨廷顿：《军人与国家：军政关系的理论与政治》，李晟译，中国政法大学出版社 2017 年版，第 112 页。

2. **期刊论文**

朱锋:《中国区域国别学 : 比较、鉴别与创新》,《亚太安全与海洋研究》2022 年第 6 期。

Ulrich Pilster and Tobias Böhmelt, "Coup-Proofing and Military Effectiveness in Interstate Wars, 1967–99," *Conflict Management and Peace Science*, Vol. 28, No. 4, 2011, pp. 341.

3. **编著文章**

张世鹏:《历史比较中的欧洲"第三条道路"》,载陈林、林德山主编:《第三条道路: 世纪之交的西方政治变革》,当代世界出版社 2000 年版,第 278 页。

Steve Smith, "New Approaches to International Theory", in John Baylis and Steve Smith, eds., *The Globalization of World Politics*, Oxford: Oxford University Press, 1998, pp. 169-170.

4. **报刊文章**

陈密容:《文化是中国软实力的核心: 访法国里尔天丰教大学教授巴泰勒米 · 库尔蒙》,《中国社会科学报》2024 年 1 月 12 日,第 A03 版。(文章的主标题和副标题之间用冒号,不用破折号)

David E. Sanger, "U.S. and Seoul Try to Ease Rift on Talks with the North," *New York Times*, June 11, 2005.

5. **会议论文**

余谋昌:《公正与补偿: 环境伦理与环境政治的结合点》,"环境政治学国际研讨会"论文集,山东大学,2005 年 6 月 17—19 日,第 9 页。

David Kerr, "Reconstructing Eurasian Security: Norms and Geopolitics in the Security Concepts of Europe, Russia, and China", paper presented to the Conference on "Comparative Regionalism: The Case in Europe and Asia", Renmin University of China, Beijing, April 8-9, 2005.

6. **学位论文**

苏长和:《全球公共问题与国际合作:一种制度的分析》,复旦大学国际政治系博士论文,1999 年 4 月,第 55 页。

Henry Kissinger, *A World Restored: Metternich, Castlereagh, and the Problems of Peace 1812-22*, Ph.D. dissertation, Harvard University, 1954, p.7.

7. **其他**

机构出版物、通讯社消息、未刊手稿、缩微胶卷、互联网资料等,其注释应尽量表明编辑者、文献名、出版地、出版机构和时间、页码,或者文献性质、收藏地点、收藏编号、上网时间等。

《毛泽东著作选读》上册,人民出版社 1986 年版,第 153 页。

《中国与八国财长就全球经济发展等问题进行对话》,新华社莫斯科 2006 年 2 月 12 日电。

辽宁省档案馆编:《日俄战争档案史料》,档案第 86、91 号,辽宁古籍出版社 1995 年,第 141、144 页。

Committee on Armed Service of the U.S. House of Representatives, *Report of the Commission to Assess United States National Security, Space Management and Organization*, 2001, Washington, D.C., p.55.

习近平:《坚持总体国家安全观,走中国特色国家安全道路》,人民网,2014 年 4 月 16 日,http://politics.people.com.cn/n/2014/0416/c1024-24900227.html。

Shekhar Gupta, “Chain of Command, Demand”, *Indian Express*, Sept. 7, 2011, http://archive.indianexpress.com/news/chain-of-command-demand/369248/0.

8. **重复引用和转引**

连续引用为“同上（书），第 × 页”或“Ibid., p. ×”，非连续引用则只需注明著作者、文献名和页码；转引则为先将原始文献按上述体例释出，再以“转引自”或“quoted from”将载有原始文献的文献释出。尽量核查原文，标注原始出处。

张维华：《明史欧洲四国传注释》，上海古籍出版社 1982 年版，第 173 页。转引自陈乐民：《陈乐民集》，中国社会科学出版社 2002 年版，第 205 页。

Arzan Tarapore, *Strategies of Stalemate: Explaining Indian Military Effectiveness, 1965–90,* London: Kings College, 2017, pp.59-60, quoted from Anit Mukherjee, *The Absent Dialogue: Politicians, Bureaucrats, and the Military in India*, New York: Oxford University Press, 2019, p.68.

投稿邮箱：longyuenju@163.com ；nuias1128@163.com

联系方式：025-89689230